중학국어

contents
목차

○ IPTV 교육방송은 교육전문방송으로서 학교교육을 보완하고 국민 평생교육 담당이라는 사회적 책임과 의무를 다하기 위하여 부단한 노력을 기울여 오고 있습니다.

특히, 교육환경의 변화와 이에 따른 교육현장의 요구를 최대한 수용하여 학교 교육을 보충·심화할 수 있도록 다양한 교재와 프로그램을 새롭게 개발하고 있습니다.

이러한 노력의 일환으로 IPTV교육방송은 고등학교에서 연차적으로 실시되고 있는 개정 교육과정 및 교과도서를 철저히 분석하여, 방송교재와 프로그램에 충실히 반영함으로써 세분화·전문화된 교재와 방송 프로그램을 개발하고 있습니다.

또한, IPTV교육방송 홈페이지를 통해 언제 어디서나 손쉽게 볼 수 있도록 하여 학교나 가정에서 반복 학습이 가능하도록 하였습니다.

앞으로도, IPTV교육방송은 가정경제의 위기 속에, 날로 심각해지는 국민 사교육비 부담을 덜어주고 공교육의 정상화를 위한 다각적인 노력을 기울이며 공영방송으로서의 새로운 비전을 제시할 수 있도록 최선을 다하겠습니다.

01

시 이해하기

🚌 개념 정리 ..

01 :: 시의 특성

1. 시의 뜻

시란 인간의 사상과 정서를 운율이 있는 언어로 표현한 언어 예술이다.

2. 시의 특성

① 인간의 사상이니 정서를 담은 말로 이루어진다.

② 운율이 있는 말로 표현한 글이다.

③ 시어란 일상어를 낯설게 만든 것이다.

- 시어에서 반복되는 말은 운율이 느껴지게 한다.
- 시어는 심상을 떠올리게 만든다.
- 시어는 문맥에 따라 다양하고 새로운 함축적 의미를 가진다.

3. 시의 종류

○ **형식상**

① 자유시 : 정해진 형식없이 자유롭게 쓴 시

예) 대부분의 현대시

② 정형시 : 정해진 형식에 맞게 쓴 시

예) 시조

③ 산문시 : 행의 구분 없이 줄글로 쓴 시

예) 조지훈,〈봉황수〉

○ **내용상**

① 서정시 : 개인의 감정이나 생각을 표현한 시

예) 대부분의 현대시

② 서사시 : 역사적 사건이나 신화, 영웅의 이야기를 쓴 시

예) 김동환,〈국경의 밤〉

③ 극시 : 희곡의 형식으로 쓴 시

4. 시의 요소

운율	시를 읽을 때 느끼는 말의 가락 (리듬)
심상	시를 읽을 때 마음 속에 떠오르는 감각적인 모습이나 느낌
주제	시인이 시를 통해 말하고자 하는 중심 생각

02 :: 시의 운율

1. 운율 : 시에서 느껴지는 말의 가락을 의미한다.

① 운(韻) : 일정한 위치에서 일정한 소리가 되풀이 되어 느껴지는 것으로, 두운(頭韻), 요운(腰韻), 각운(脚韻) 등이 있음.

② 율(律) : 글자 수가 반복되어 나타나는 음수율이나 음보의 규칙적 배열에 의해 형성되는 음보율 등이 있음.

2. 운율의 형성

1) (   )의 반복

- 음운 자음과 모음
- 음절 모음을 중심으로 이루어진 하나의 소리

예) 김소월,〈길〉

갈래 갈래 갈린 길/ 길이라도

→ 'ㄱ'과 'ㄹ'의 반복(음운의 반복)

2) (　　　)의 반복

특정한 시어가 반복되는 경우

예) 박목월, 〈산도화〉

산은 / 구강산/ 보랏빛 석산

→ '산'이라는 시어의 반복

3) (　　　)의 사용

의성어나 의태어 같은 음성상징어를 사용함

예) 이육사, 〈청포도〉

이 마을 전설이 주저리주저리열리고/ 먼데 하늘이 꿈꾸며 알알이 들어와 박혀

→ '주저리주저리, 알알이'와 같은 음성상징어

4) (　　　)의 반복

성분의 배열이 동일한 문장구조의 반복

예) 윤동주, 〈별헤는 밤〉

별 하나에 추억과/ 별하나에 송과/ 별하나에 쓸쓸함과

→ '별하나에~와/ 과'라는 문장구조 반복

5) (　　　)의 반복

4 · 4조나 7 · 5조와 같은 음수율

예) 김동환, 〈산넘어 남촌에는〉

산 넘어 남촌에는 누가 살길래/ 해마다 봄바람이 남으로 오네

(7 · 5 조의 반복)

6) (　　　)의 반복

• 음보 발음시간이 비슷한 소리덩어리로 시를 읽을 때 음보 단위로 끊어 읽음

예) 김소월, 〈초혼(招魂)〉

산산이 / 부서진/ 이름이여/ 허공중에/ 흩어진/ 이름이여

→ 3음보율

내 마음의 어딘 듯 한 편에 끝없는
강물이 흐르네.
돋쳐 오르는 아침 날 빛이 빤질한
은결을 도도네.

가슴엔 듯 눈엔 듯 또 핏줄엔 듯
마음이 도른도른 숨어 있는 곳
내 마음의 어딘 듯 한 편에 끝없는
강물이 흐르네.

♛ 화자의 상황과 정서 파악하기

01. 시적 화자는 누구인가?

02. 화자가 처한 상황은?

03. 화자의 정서와 태도는?

♛ 시의 맥락 파악하기

01. 화자는 내 마음을 무엇에 빗대어 표현하는가?

02. 강물의 모습은 어떠한가?

03. 강물의 위치는 어딘가?

04. 즉, 강물이 의미하는 것은 무엇인가?

♛ 시의 운율 파악하기

01. 같은 위치에서 같은 소리 반복

02. 의성어, 의태어의 사용

03. 일정한 음보의 반복

04. 단어, 구절, 문장의 반복

05. 울림소리의 사용

※ 의도적으로 문법에 어긋난 표현을 사용하고 있는 시어를 찾아 쓰고, 그 효과를 쓰시오.

||||| 확인문제

1-8. 다음 글을 읽고 물음에 답하시오.

내 마음의 **어딘** 듯 한 편에 **끝없는**
강물이 흐르네.
㉠[돋쳐 오르는 아침 날 빛이 빤질한
은결을 도도네.]

가슴엔 듯 눈엔 듯 또 핏줄엔 듯
마음이 **도른도른** 숨어 있는 곳
내 마음의 어딘 듯 한 편에 끝없는
강물이 흐르네.

01. 위와 같은 글에 쓰인 언어의 특징으로 알맞지 <u>않은</u> 것은?

① 독자의 상상력을 자극한다.

② 말하고자 하는 바를 압축하여 전달한다.

③ 문맥에 따라 다르게 해석된다.

④ 한 단어에 여러 의미가 함축적으로 들어가 있다.

⑤ 생각이나 정서를 논리적으로 구체화하여 표현한다.

02. 이 시의 특징 중 <u>잘못된</u> 것은?

① 여성적 섬세함과 부드러움을 지닌 어조로 되어 있다.

② 순수한 내면세계를 동경하고 있다.

③ 인간의 생명과 의지에 대해서 탐구하고자 한다.

④ 수미 상관 기법을 사용하고 있다.

⑤ 다듬어진 언어를 사용하였으며 음악성이 뛰어나다.

03. 이 시에서 다음 보기의 설명과 관계가 있는 시어 <u>둘</u>은?

─────────────〈 보기 〉─────────────

시의 언어는 일상 언어의 특수한 활용이지만 경우에 따라서는 일상 언어의 범주를 벗어나기도 한다. 가령, 운율이나 이미지, 혹은 새로운 의미의 긴장감 등을 위하여 종종 시의 언어는 문법의 테두리 바깥으로 나가기도 한다. 우리는 이것을 '시적 허용'이라고 부른다.

① 어딘 듯   ② 끝없는   ③ 흐르네   ④ 도도네   ⑤ 도른도른

04. 이 시의 ㉠[ ]부분에서 두드러지는 심상은?

① 후각적 심상   ② 청각적 심상   ③ 미각적 심상

④ 촉각적 심상   ⑤ 시각적 심상

05. 이 시의 주제는?

① 전쟁이 없는 세상이 오기를 바람

② 평화롭고 아름다운 세상이 오기를 바람.

③ 내 마음속의 내면세계의 평화를 바람

④ 일제 치하에서 벗어나기를 소망함

⑤ 따뜻한 인간애의 부활을 소망함

06. 다음 비유법 중 종류가 <u>다른</u> 하나는?

① 내 누님같이 생긴 꽃이여!

② 꽃처럼 붉은 울음을 울었다.

③ 내 마음은 호수요.

④ 돌담에 속삭이는 햇발같이

⑤ 나뭇잎들의 손처럼

07. 이 시의 운율 형성 요소에 대한 설명으로 알맞지 <u>않은</u> 것은?

① 변형되었지만 3음보의 율격이 나타난다.

② 일정한 위치에서 동일한 음을 반복하였다.

③ 울림소리를 사용하여 시가 부드럽게 느껴진다.

④ 일정한 글자 수를 반복하여 운율이 겉으로 드러나 있다.

⑤ 처음과 끝을 동일하게 배치하여 형태적 안정감을 준다.

08. 위 시에서 '강물'이 위치한 곳이 어디인지 구체적으로 <u>모두</u> 쓰면?

🚐 개념 정리 ··

03 :: 시어의 함축적 의미

함축적 의미란, 문맥이 가지는 기본적인 뜻 이외의 새로운 뜻으로 문맥적 의미라고도 한다.

1. 함축적 의미의 특징

① 기본적인 뜻 이외의 다른 뜻을 가진다.

② 같은 말이라도 그 뜻이 달라진다.

③ 다른 말이 같은 뜻을 가진다.

2. 사전적 의미와 함축적 의미

1) 사전적 의미

- 주관적 · 함축적
- 사전에 정의된 기본적이고 일상적인 의미
- 사전적, 지시적 언어

예) 별 : 빛을 관측할 수 있는 천체 가운데 성운처럼 퍼지는 모양을 가진 천체를 제외한 모든 천체.

2) 함축적 의미

- 객관적 · 개념적
- 특정한 문맥 또는 상황에 의해 형성된 새로운 의미
- 비유적, 상징적 언어

예) 사람들이 착하게 사는지 별들이 많이 떳다.

04 :: 시의 심상

심상이란, 시를 읽을 때 떠오르는 대상의 구체적인 모습과 움직임 상태 등을 말한다.

즉, 시를 읽을 때 빛깔, 모양, 냄새, 맛, 촉감 등이 떠오르는 것을 말한다. 심상은 추상적 관념을 형상화하여 대상을 구체적이고도 생생하게 제시하며, 특정한 정서를 환기하기도 한다.

1. 심상의 기능

① 추상적인 관념을 구체적이고 감각적으로 표현하여 시적 상황을 생생하게 느낄 수 있도록 한다.

② 시적 의미의 전달은 돕거나 시적 정서와 연관된 느낌이 일어나도록 만든다.

③ 시어나 시구의 함축적 의미까지 포함한다.

2. 심상의 종류

1) **감각적 심상** : 시각이나 청각과 같은 인간의 감각과 관련된 심상

- 우물 속에는 달이 밝고 구름이 흐르고 하늘이 펼치고 – 윤동주, 〈자화상(自畵像)〉

➡

- 연탄 차가 부릉 부릉/ 힘쓰며 언덕길 오르는 거라네 – 안도현, 〈연탄 한 장〉

➡

- 여승은 합장하고 절을 했다./ 가지취의 내음새가 났다. –백석, '여승(女僧)'

➡

- 나는 찬 밥처럼 방에 담겨, 아무리 천천히 숙제를 해도 −기형도, '엄마 걱정'

  ➡

- 오래 앓은 기침 소리와/ 쓴 약 같은 입술 담배 연기 속에서 − 곽재구, 〈사평역에서〉

  ➡

- 삼월달 바다가 꽃이 피지 않아서 서글픈/ 나비허리에 새파란 초승달이 시리다. − 김기림, 〈바다와 나비〉

  ➡

- 푸른 노래/푸른 울음/ 을어 예으리 − 한하운, 〈파랑새〉

  ➡

2) 공감각적 심상 : 하나의 감각적 대상을 다른 종류의 감각으로 전이(轉移)시켜 표현한 심상

- 달은 나의 뜰에 고요히 앉아 있다. / 달은 과일보다 향그럽다. − 장만영〈달, 포도, 잎사귀〉

  ➡

ⅢⅢ 작품으로 개념 확인 | 이육사, 「청포도」

내 고장 칠월은
청포도가 익어 가는 시절.

이 마을 전설이 주저리주저리 열리고
먼 데 하늘이 꿈꾸며 알알이 들어와 박혀,

하늘 밑 푸른 바다가 가슴을 열고
흰 돛단배가 곱게 밀려서 오면,

내가 바라는 손님은 고달픈 몸으로
청포를 입고 찾아온다고 했으니,

내 그를 맞아, 이 포도를 따 먹으면,
두 손을 함뿍 적셔도 좋으련.

아이야, 우리 식탁엔 은쟁반에
하아얀 모시 수건을 마련해 두렴.

👑 화자의 상황과 정서 파악하기

01. 시적 화자는 누구인가?

02. 화자가 처한 상황은?

03. 화자의 정서와 태도는?

👑 시의 맥락 파악하기

01. 손님은 어떤 때, 어떤 모습으로 오는가?

02. 손님이 찾아 왔을 때 화자가 하고 싶은 행동은?

👑 시어의 함축적 의미 파악하기

01. '청포도'는 화자에게 어떤 의미를 지닐까?

02. 이런 의미있는 포도를 함께 따먹기를 바르는 '손님'은 화자에게 어떤 존재인가?

03. 화자는 손님을 기다리며 어떤 준비를 하고 있는가?

04. 시인이 살았던 시대나 시인의 삶과 관련지어 볼 때 '손님'은 구체적으로 무엇이겠는가?

👑 표현 기법 확인하기

01. 특징적 시적 기교는?

02. 푸른색과 흰색의 색채의 대비가 되는 표현들을 찾아 보자.

‖‖‖‖ 확인문제

1-8. 다음 글을 읽고 물음에 답하시오.

내 고장 칠월은
청포도가 익어 가는 시절.

이 마을 전설이 주저리주저리 열리고
먼 데 하늘이 꿈꾸며 알알이 들어와 박혀,

㉠하늘 밑 푸른 바다가 가슴을 열고
흰 돛단배가 곱게 밀려서 오면,

내가 바라는 ㉡손님은 고달픈 몸으로
청포를 입고 찾아온다고 했으니,

내 그를 맞아, 이 포도를 따 먹으면
두 손은 함뿍 적셔도 좋으련,

아이야, 우리 식탁엔 은쟁반에
㉢하이얀 모시 수건을 마련해 두렴.

01 시 이해하기

01. 이 시의 표현상 특징으로 적절하지 <u>않은</u> 것은?

① 주로 시각적 심상이 드러난다.

② 말하는 이가 시의 표면에 등장한다.

③ 상징적 의미를 가지는 언어가 사용된다.

④ 동일한 구절이 반복되어 운율을 형성한다.

⑤ 시적인 효과를 위해 문법상 틀린 표현이지만 허용되는 표현이 나타난다.

02. ㉠에서 나타나는 심상과 가장 유사한 심상으로 알맞은 것은?

① 뒷문 밖에는 갈잎의 노래

② 분수처럼 흩어지는 푸른 종소리

③ 어두운 방 안엔 바알간 숯불이 피고

④ 그 물로 쌀을 씻어 밥 짓는 냄새가 나면

⑤ 연평 바다에 어허 얼싸 돈바람 부누나. 얼싸 좋네.

03. ㉢ 에 대한 설명으로 적절하지 <u>않은</u> 것은?

① 시각적 심상이 드러난다.

② 시적 허용이 나타나고 있다.

③ 순수하고 정결한 느낌을 형성한다.

④ 말하는 이의 정성스러운 마음을 드러낸다.

⑤ 자식을 향한 말하는 이의 따뜻한 마음이 드러난다.

04. <보기>에서 ㉡과 유사한 기능을 하는 시어를 찾아 쓰시오.

─────────────────〈 보기 〉─────────────────

지금 눈 나리고   다시 천고의 뒤에

매화 향기 홀로 아득하니   백마 타고 오는 초인이 있어

내 여기 가난한 노래의 씨를 뿌려라.   이 광야에서 목놓아 부르게 하리라.

05. 이 시에서 느껴지는 분위기로 가장 적절한 것은?

① 어둡고 지친 분위기
② 힘겹고 슬픈 분위기
③ 치열하고 투쟁적인 분위기
④ 낭만적이고 애상적인 분위기
⑤ 평화롭고 낭만적인 분위기

06. 이 시의 말하는 이에 대한 설명으로 적절하지 <u>않은</u> 것은?

① 말하는 이는 손님을 기다리며 포도를 기른다.
② 말하는 이의 고향에는 칠월에 청포도가 익어간다.
③ 말하는 이는 손님 맞을 준비를 정성스럽게 하고 있다.
④ 말하는 이는 손님을 맞아 포도를 따 먹을 날을 기다린다.
⑤ 말하는 이는 손님을 맞이하는 기쁨에 빠지고 싶어 한다.

07. 이 시에서 같은 색채 이미지를 나타낸 시어끼리 바르게 묶인 것은? (2가지)

① 돛단배, 은쟁반
② 은쟁반, 모시수건
③ 돛단배, 청포도, 하늘
④ 청포도, 하늘, 바다, 청포
⑤ 모시 수건, 하늘, 바다, 청포

08. 〈보기〉를 읽고 짐작할 수 있는 '손님'의 의미로 가장 적절한 것은? (2가지)

─────────〈 보기 〉─────────

이육사는 1904년 경북 안동의 한 선비 집안에서 태어나, 어렸을 때 할아버지로부터 한문과 유학을 배웠다. 일제 강점기의 암담한 현실을 깨닫게 된 후 독립운동에 투신했다. 스무 살 즈음에 항일 운동 단체에 가입하였고, 조선은행 폭파 사건에 연루되어 3년간 감옥살이를 하였다. '육사'라는 필명은 이때의 죄수번호 64번에서 유래하였고 전해진다. 이후 항일 운동과 관련하여 여러 차례 옥살이를 하다. 1944년 북경의 감옥에서 숨을 거뒀다. 그의 시들은 뛰어난 문학상과 더불어 투철한 저항 정신이 깃들어 있어 훌륭한 있어 훌륭한 문학의 본보기가 되고 있다.

① 임금
② 어머니
③ 조국의 독립
④ 사랑하는 임
⑤ 항일 운동 단체

🚌 개념 정리 ··

05 :: 시의 표현 방법

1. 비유하기

어떤 내용이나 현상을 직접 설명하지 않고 유사한 사물이나 현상이 빗대어 표현하는 방법

1) 표현법 (   )

- '~처럼', '~같이', '~듯이', '~인 듯', '~인양' 등과 같은 연결어로 원관념과 보조 관념을 직접 연결하여 비유하는 방법

예) 여인은 나어린 딸아이를 때리며 가을밤 같이 차게 울었다. -백석,<여승(女僧)>

2) 표현법 (   )

- 연결어 없이 원관념을 보조 관념에 빗대어 표현하는 방법
- 주로 'A(원관념)'는 'B(보조관념)'이다의 형태로 표현됨

예) 나는 나룻배/ 당신은 행인// 당신은 흙발로 나를 짓밟습니다. -한용운, <나룻배와 행인>

3) 표현법 (   )

- 대상의 한 부분이나 속성만으로 전체를 대신하여 표현하는 방법

예) 껍데기는 가라./ 한라에서 백두까지/ 향그러운 흙가슴만 남고/ 그 모오든 쇠붙이는 가라. -신동엽, '껍데기는 가라'

4) 표현법 (   )

- 사람이 아닌 대상에 인격을 부여하여 사람처럼 나타내는 표현법
- 사물의 움직임, 추상적인 관념 등을 사람처럼 나타냄

예) 지리산이 저문 강물에 얼굴을 씻고/ 일어서서 껄껄 웃으며/ 무등산을 보며 그렇지 않느냐고 물어보면 -김용택,<섬진강 l >

2. 변화주기

1) 표현법 (   )

- 문법에 맞는 정상적인 문장의 어순을 바꾸어 표현하는 방법

예) 아! 누구던가/ 이렇게 슬프고도 애달픈 마음을 맨처음 공중에 달 줄을 안 그는 -유치환, <깃발>

2) 표현법 (   )

- 의문문의 형식으로 누구나 알고 있거나 예측되는 결과를 표현하는 방법
- 독자가 스스로 생각하거나 판단해 보게 하여 의미를 강조하려는 의도임

예) 흔들리지 않고 피는 꽃이 어디 있으랴/ 이 세상 그 어떤 아름다운 꽃들도 다 흔들리면서 피었나니. -도종환, <흔들리며 피는 꽃>

3) 표현법 (   )

- 같거나 비슷한 문장구조를 나란히 배열하여 표현하는 방법
- 대칭적으로 배열하여 의미를 강조하거나 리듬감을 형성함

예) 바람보다 늦게 누워도/ 바람보다 먼저 일어나고
바람보다 늦게 울어도/ 바람보다 먼저 웃는다 -
김수영, <풀>'

4) 표현법 (   )

- 나타내려는 뜻과는 반대가 되게 표현하는
  방법
- 원래의 의미가 부각되는 효과가 있음

예) 외우기도 좋아라. 하급반 교과서/ 활자도 커다랗
고 읽기에도 좋아라/ 목소리 하나도 흐트러지지
않고 / 한 아이가 읽는 대로 따라 읽는다 - 김명
수, <하급반 교과서>

5) 표현법 (   )

- 모순되는 표현으로 그 속에 진리(진실)를
  담는 표현 방법
- 겉으로 보기에는 이치에 어긋나는 모순된
  말 같으나, 사실은 그 속에 진리나 깊은 뜻
  을 담아 표현하는 방법(표현자체의 모순)

예) 모란이 피기까지는/ 나는 아직 기다리고 있을테
요./ 찬란한 슬픔의 봄을 -김영랑, <모란이 피기
까지는>

3. 강조하기

독자에게 선명한 인상을 주기위해 표현하려
는 부분을 강하고 두드러지게 하는 표현방법

1) 표현법 (   )

- 표현대상을 실제보다 매우 크거나 작게 혹
  은 많거나 적게 표현하는 방법

예) 모란이 지고 말면 그 뿐, 내 한 해는 다 가고 말
아,/ 삼백예순날 하냥 섭섭해 우옵네다 -김영랑,
<모란이 피기까지는>

2) 표현법 (   )

- 같거나 비슷한 단어나 구절을 나열하여 내
  용을 강조하는 표현 방법

예) 아버님은/ 풀과 나무와 흙과 바람과 물과 햇빛으
로/ 집을 지으시고 -김용택, <농부와 시인>

3) 표현법 (   )

- 상대되는 대상이나 내용을 맞세워 서로 다
  름을 강조하거나 선명한 인상이 느껴지게
  하는 방법

예) 어두운 방 안엔/ 바알간 숯불이 피고, -김종길, <
성탄제>

4) 표현법 (   )

- 화자의 감정을 표출하여 슬픔, 놀라움, 공
  포 등을 감탄사, 조사, 감탄형 어미 등을
  통해 표현하는 방법

예) 님은 갔습니다. 아아, 사랑하는 나의 님은 갔습니
다. - 한용운, <님의 침묵>

4. 상징

- 원관념과 보조관념 사이의 유사성에 기초
  하는 것이 비유하면, 원관념을 드러내지 않
  고, 보조관념만으로 의미를 표현하는 것이
  상징임

- 상징은 원관념이 명확하게 드러나지 않아 모호하고 암시적임
- 같은 시어라도 시인마다 다른 의미로 사용하여 '다(多):1'로 대응함

1) (   ) 상징

- 개별 시인에 의해 자신의 작품에서만 독창적인 의미로 사용하는 상징
- 같은 시어라도 시인마다 다른 의미로 사용하여 시의 의미를 풍부하게 함

예) 그립고 아쉬움에 가슴 조이던/ 머언 먼 젊은의 뒤안길에서/ 인제는 돌아와 거울앞에선 내 누님같이 생긴 꽃이여 −서정주, <국화옆에서>

2) (   ) 상징

- 오랜 세월을 두고 되풀이하여 사용되어 그 내용이 관습적으로 보편화된 상징

- 문화, 역사. 자연적 배경 속에서 의미가 고정되어 사용됨
- 의미전달은 쉽고 명확하나 참신성이 떨어짐

예) 하직을 말자, 하직을 말자/ 인연은 갈밭을 건너는 바람 뭐라카노 뭐라카노 뭐라카노/ 니 흰 옷자라기만 펄럭거리고…… −박목월, <이별가>

3) (   ) 상징

- 인류의 되풀이 되는 경험이 쌓인 결과 인간의 잠재의식에 공통적 의미로 인식되어 보편성을 띄게 된 상징.
- '바다'를 ' 죽음과 재생', '생명의 어머니', ' 무궁과 영원' 등으로 인식하는 것 등이 이에 해당함

예) 만리 밖에서 기다리는 그대여저 불 지난 뒤에흐르는 물로 만나자.푸시시 푸시시 불꺼 지는 소리로 말하면서올 때는 인적 그친넓고 깨끗한 하늘로 오라. −강은교, <우리가 물이 되어>

‖‖‖ 작품으로 개념 확인 | 도종환, 「흔들리며 피는 꽃」

흔들리지 않고 피는 꽃이 어디 있으랴
이 세상 그 어떤 아름다운 꽃들도
다 흔들리면서 피었나니
흔들리면서 줄기를 곧게 세웠나니
흔들리지 않고 가는 사랑이 어디 있으랴

젖지 않고 피는 꽃이 어디 있으랴
이 세상 그 어떤 빛나는 꽃들도
다 젖으며 젖으며 피었나니
바람과 비에 젖으며 꽃잎 따뜻하게 피웠나니
젖지 않고 가는 삶이 어디 있으랴

🔱 화자의 상황과 정서 파악하기

01. 시적 화자는 누구인가?

02. 화자가 처한 상황은?

03. 화자의 정서와 태도는?

🔱 시의 맥락 파악하기

01. 이 시는 시어와 시구가 대비를 이르고 있다. 다음 빈 칸을 채워 보자.

흔들리지 않고 피는 꽃	➡	( )
다 흔들리며 피었나니		( )
흔들리면서 줄기를 곧게 세웠나니		( )
흔들리지 않고 가는 사랑이 어디 있으랴		( )

02. 시의 구조 파악하기

| 꽃이 피는 자연 현상과 ( )의 문제를 대응 | ➡ | 고난과 역경 속에서 완성되는 ( ) 과 ( ) |
| 꽃이 피는 자연 현상과 ( )의 문제를 대응 | | |

🔱 표현 기법 확인하기

시구	표현	
~지 않고 피는 꽃이 어디 있으랴 ~지 않고 가는 ~이 어디 있으랴	➡ ( )	비슷한 구조 및 시구를 지닌 1,2연을 나란히 나열
어디있으랴, 피다, 피우다 젖다, 흔들리다	➡ ( )	시어의 반복
~이 어디 있으랴?	➡ ( )	질문 형태로 끝맺어 변화를 줌

1-7. 다음 글을 읽고 물음에 답하시오.

흔들리지 않고 피는 꽃이 어디 있으랴

이 세상 그 어떤 아름다운 꽃들도

다 흔들리면서 피었나니

흔들리면서 줄기를 곧게 세웠나니

흔들리지 않고 가는 사랑이 어디 있으랴

젖지 않고 피는 꽃이 어디 있으랴

이 세상 그 어떤 빛나는 꽃들도

다 젖으며 젖으며 피었나니

㉠**바람**과 비에 젖으며 꽃잎 따뜻하게 피웠나니

젖지 않고 가는 삶이 어디 있으랴

01. 이 시의 화자에 대한 설명으로 적절한 것은?

① 시 속에 직접 드러나 있다.

② 자연의 소중함을 이야기하고 있다.

③ 현실 세계를 부정적으로 인식하고 있다.

④ 꽃이 피는 모습을 통해 깨달음을 얻고 있다.

⑤ 소외된 사람들에게 따뜻한 시선을 보내고 있다.

02. 1연을 다음과 같이 이해할 때, 빈 칸에 들어갈 내용으로 적절한 것은?

흔들리지 않고 피는 꽃이 없음

흔들리면서 줄기를 곧게 세움   ➡   (   ) 속에서 완성되는 (   )

① 비, 꽃잎   ② 비, 사랑   ③ 역경, 삶   ④ 역경, 꽃잎   ⑤ 역경, 사랑

03. 다음에서 ㉠의 함축적인 의미와 유사한 의미로 쓰인 것을 고른 것은?

〈 보기 〉

나는 그늘이 없는 사람을 사랑하지 않는다.
나는 그늘을 사랑하지 않는 사람을 사랑
하지 않는다.
나는 한 그루 나무의 그늘이 된 사람을 사
랑한다.

햇빛도 그늘이 있어야 맑고 눈이 부시다.
나무 그늘에 앉아
나뭇잎 사이로 반짝이는 햇살을 바라보면
세상은 그 얼마나 아름다운가.

① 햇빛　　② 나뭇잎　　③ 한 그루 나무　　④ 그늘　　⑤ 반짝이는 햇살

04. 이 시에서 사용된 표현상의 특징으로 옳은 것은?

① 유사한 시어를 반복하는 설의법이 사용되었다.
② '어디 있으랴'는 독자에게 물어보는 반복법이다.
③ 비슷한 구조를 나란히 배열하여 운율을 형성한다.
④ 꽃을 마치 사람처럼 표현하는 의인법이 사용되었다.
⑤ 직유법과 은유법을 사용하여 꽃의 모습을 생생하게 표현 한다.

05. 이 시의 구성상 특징에 대해 토의한 내용으로 알맞지 <u>않은</u> 것은?

① 석진 : 1연과 2연이 비슷한 문장으로 대구를 이루고 있어.
② 재인 : 그래서 운율감이 느껴지고 낭송할 때 재미있구나.
③ 동진 : 이처럼 비슷한 문장 형태를 반복하면 시의 주제를 강조할 수 있어.
④ 혜원 : 시어를 규칙적으로 배열해서 겉으로 드러나는 운율을 형성하고 있기도 해.
⑤ 지성 : 맞아, '흔들리는 것'과 '젖는 것', '바람'과 '비'가 같은 위치에 있어서 비슷한 의미임
　　　을 알 수 있지.

06. <보기>는 이 시의 창작을 위해 고려했을 사항들이다. 적절하지 <u>않은</u> 것은?

─────────────〈 보기 〉─────────────

㉠삶과 사랑은 고난과 역경을 겪고 또 이겨내는 과정을 통해 아름답게 완성된다고 생각해. 이 생각을 ㉡비바람에 젖고 흔들리지만 그래서 더욱 아름답게 피어나는 야생화의 모습에 비유해서 나타내어야겠어.

그럼 일단 흔들리지 않고 피는 꽃도 없다. 그리고 고통을 겪지 않는 삶도 없다는 사실을 강조해 주는 것이 좋겠어. ㉢강조를 위해 설의법과 반복법을 사용하자. ㉣꽃이 비바람을 이겨내고 아름답게 피어나는 과정을 시선의 이동 순서에 따라 배치하는 것을 잊어선 안 되겠지? 아, ㉤똑같거나 비슷한 문장 구조를 반복하면 시를 읽을 때 운율이 형성될 거야.

─────────────────────────────────

① ㉠　　　② ㉡　　　③ ㉢　　　④ ㉣　　　⑤ ㉤

07. 이 시에서 시인이 궁극적으로 말하려고 하는 것이 무엇인지 한 문장으로 쓰시오.

─────────────〈 조건 〉─────────────

1. '이 시는 ─깨달음을 전하고 있다.' 형식으로 쓸 것
2. 꽃의 특성과 인간의 특성을 연관 지어 쓸 것

─────────────────────────────────

접동 / 접동

아우래비 접동

진두강(津頭江) 가람 가에 살던 누나는

진두강 앞마을에

와서 웁니다.

옛날, 우리나라

먼 뒤쪽의

진두강 가람 가에 살던 누나는

의붓어미 시샘에 죽었습니다.

누나라고 불러 보랴

오오 불설워

시새움에 몸이 죽은 우리 누나는

죽어서 접동새가 되었습니다.

아홉이나 남아 되던 오랩동생을

죽어서도 못 잊어 차마 못 잊어

야삼경(夜三更) 남 다 자는 밤이 깊으면

이 산 저 산 옮아가며 슬피 웁니다.

♛ 화자의 상황과 정서 파악하기

01. 시적 화자는 누구인가?

02. 화자가 처한 상황은?

03. 화자의 정서와 태도는?

♛ 시의 맥락 파악하기

01. 이 시에서 누나가 죽은 원인은 무엇인가?

02. 접동새의 의미는 무엇인가?

03. 접동새가 밤마다 찾아와 우는 이유는 무엇인가?

♛ 시의 맥락 파악하기

누나라고 / 불러보랴/
오오 불설워/
시새움에 / 몸이 죽은 / 우리 누나는
죽어서/ 접동새가 / 되었습니다

➡　　　　　(　　　　　) 음보

시 이해하기

<table>
<tr><td>접동
접동
아우래비 접동</td></tr>
</table>

➡ (　　　　　　) 구조

o 〈참고〉 접동새 설화

옛날 평안도 지역에 10남매가 부모와 함께 행복하게 살았다. 그러다가 어머니가 죽고 의붓어머니가 들어왔는데, 의붓어머니는 아이들을 심하게 구박하였다. 딸이 나이가 들자 이웃 부잣집 아들과 혼인하여 많은 예물을 받게 되었다. 이를 시기한 의붓어머니는 딸의 죽은 어머니가 쓰던 장롱에 딸을 가두고 불에 태워 죽였다. 동생들이 슬퍼하여 남은 재를 헤치자 거기서 접동새 한 마리가 날아올랐다.

IIIII 확인문제

1-7. 다음 글을 읽고 물음에 답하시오.

접동
접동　　　　A
아우래비 접동

진두강(津頭江) ⓐ**가람가**에 살던 누나는
진두강 앞 마을에
와서 웁니다.

옛날, 우리 나라
먼 뒤쪽의
진두강 가람가에 살던 누나는
ⓑ**의붓어미** 시샘에 죽었습니다.

누나라고 불러 보랴
오오 ⓒ**불설워**
시새움에 몸이 죽은 우리 누나는
죽어서 접동새가 되었습니다.

아홉이나 남아 되던 ⓓ**오랩동생**을
죽어서도 못 잊어 차마 못 잊어
ⓔ**야삼경(夜三更)** 남 다 자는 밤이 깊으면
이 산 저 산 옮아가며 슬피 웁니다.

01. 이 시에 대한 설명으로 적절하지 <u>않은</u> 것은?

① 우리 전통적 율격인 3음보로 노래하고 있다.

② 전래 설화인 '접동새 설화'를 모티프로 하고 있다.

③ 평안도 사투리를 사용하여 토속적 분위기를 느끼게 한다.

④ 우리 전통 시가에 보편적으로 드러나는 한(恨)의 정서를 노래하고 있다.

⑤ 삶과 죽음의 경계를 초월하여 죽음에 초연한 화자의 생사관(生死觀)이 드러난다.

02. 이 시의 주제를 지적한 것으로 가장 적절한 것은?

① 죽어서도 잊지 못하는 애절한 혈육의 정과 한

② 암울한 시대 현실을 극복하고자 하는 자기 희생의 의지

③ 절대자에 대한 믿음을 바탕으로 한 슬픔의 종교적 승화

④ 현실에 대한 애착과 이상향에 대한 동경 사이에서의 갈등

⑤ 떠나는 임에 대한 원망과 안타까움

03. 다음은 이 시에 대한 감상이다. 작품 자체의 내적 의미만을 주목한 것은?

① 평안도 출신의 시인답게 평안도 사투리를 사용하여 독특한 지방색을 느끼게 하고 있군.

② 접동새의 울음소리를 흉내낸 의성어를 사용하여 '누나'의 한스러운 마음을 효과적으로 형상화하고 있어.

③ 이 시에 드러난 한의 정조는 식민지 지식인으로서의 시인 자신의 허무 의식과 한의 표현이라고도 할 수 있겠지.

④ 죽어서도 동생들을 잊지 못하고 접동새가 되어 울고 있는 누이를 보니, 평소 형제들과 우애 있게 지내야겠다는 생각을 했어.

⑤ 김소월 시의 주제는 흔히 '임의 부재에서 오는 한(恨)'의 정서로 이야기 하는데, 이 시 또한 그런 시인의 면모가 잘 드러나는 시라고 할 수 있어.

04. 이 시의 어조의 특징으로 가장 적절한 것은?

① 격정적 어조   ② 애상적 어조   ③ 강인한 남성적 어조

④ 차분하고 담담한 어조   ⑤ 밝고 부드러운 여성적 어조

05. 운율 형성 방법이 [A]와 유사한 것은?

① 해야 솟아라. 해야 솟아라. 말갛게 씻은 얼굴, 고운 해야 솟아라. -박두진, 〈해〉

② 이씨의 사촌이 되지 말고 / 민씨의 팔촌이 되려므나. / 아리랑 아리랑 아라리요 / 아리랑 배 띄여라 노다 가세. -작자 미상, 〈아리랑 타령〉

③ 나 보기가 역겨워 /가실 때에는 / 말없이 고이 보내 드리오리라. // 영변에 약산 진달래꽃 / 아름따다 가실 길에 뿌리오리라. -김소월, 〈진달래꽃〉

④ 모란이 피기까지는 / 나는 아직 나의 봄을 기다리고 있을 테요. 모란이 뚝뚝 떨어져 버린 날, / 나는 비로소 봄을 여읜 설움에 잠길 테요. -김영랑, 〈모란이 피기까지는〉

⑤ 바람도 없는 공중에 수직의 파문을 내이며, 고요히 떨어지는 오동잎은 누구의 발자취입니까. / 지리한 장마 끝에 서풍에 몰려가는 무서운 검은 구름의 터진 틈으로 언뜻언뜻 보이는 푸른 하늘은 누구의 얼굴입니까. -한용운, 〈알 수 없어요〉

06. ⓐ~ⓔ의 의미로 적절하지 <u>않은</u> 것은?

① ⓐ : 강가
② ⓑ : 계모(繼母)
③ ⓒ : 부르기가 서러워
④ ⓓ : 사내 동생
⑤ ⓔ : 아주 깊은 밤

07. 〈보기〉의 설명에 해당하는 시어를 찾아 쓰시오.

───────────────〈 보기 〉───────────────

- 전통적인 시가에서 한을 상징하는 소재
- 죽은 누나의 환생을 나타내는 대상

──────────────────────────────────────

🚐 개념 정리 ··

06 :: 시조

1. 시조의 뜻

① 고려 시대 신흥사대부들이 유교적 이념을 표출하기 위해 창안한, 간결한 형식을 지닌 우리 고유의 정형시

② 고려 중기에 발생해서 고려 후기에 그 형식이 확립되었으며 현재까지도 창작되고 있음.

2. 시조의 형식

① 3장 6구 45자 내외 (평시조)

② 3·4조 또는 4·4조의 음수율, 4음보의 음보율

③ 종장의 첫 음보는 세 글자로 고정 되어 있음

   예) 내 벗이 몇이나 하니 수석과 송죽이라

      동산에 달 오르니 긔 더욱 반갑고야

      두어라 이 다섯 밖에 또 더하여 무엇하리

3. 시조의 내용

① 유교적 이념을 노래한 시조들이 대부분임

② 자연 속의 한가롭고 평화로운 삶을 노래한 작품들도 많음

③ 서민들의 일상적 감정인 삶의 고달픔, 남녀간의 애정 등을 사설시조에 담아 노래하기도 함.

4. 시조의 종류

1) 시대

① 고시조

• 개화기(갑오개혁) 이전까지 창작된 시조

② 현대시조

• 개화기(갑오개혁) 이후부터 현재까지 창작되는 시조

2) 길이

① 단시조

• 초, 중, 종장의 한 수로만 이루어진 시조

② 연시조

• 하나의 제목 아래 내용상으로 연결된 2수 이상의 평시조가 엮인 시조

3) 형식

① 평시조

• 3장 6구 45자 내외의 기본적인 형태의 시조

• 시조의 기본형으로 단시조라고도 함

② 사설시조

• 평시조에서 두 구 이상이 길어진 형태의 시조로 일반적으로 중장이 제한 없이 길어짐.(단, 종장의 첫음보는 3음절로 고정)

• 장형시조라고도 함

5. 평시조와 사설시조 비교

1) (   )

① 발생 시기 : 고려 중기

② 작자층 : 양반 사대부가 주를 이룸

③ 형식

3장 6구 45자 내외

각 장은 4음보가 원칙임

④ 내용

주로 유교적 이념이나 자연에 묻혀사는 삶을
노래함

2) (   )

① 발생 시기 : 영·정조 시대(조선 중기 이후)

② 작자층

중인, 평민 등 하층민이 주를 이룸

(작자 미상도 많음)

③ 형식

초·중장이 제한 없이 길며, 종장도 길어짐

④ 내용

서민들의 애환, 지배층에 대한 풍자, 남녀 간
의 애정 등 실제 삶의 이야기가 많이 담김

‖‖‖ 작품으로 개념 확인 Ⅰ 이방원, 「하여가(何如歌)」	‖‖‖ 작품으로 개념 확인 Ⅰ 정몽주, 「단심가(丹心歌)」
이런들 어떠하며 저런들 어떠하리. 만수산(萬壽山) 드렁칡이 얽혀진들 어떠하리. 우리도 이같이 얽혀져 백 년까지 누리리라.	이 몸이 죽어 죽어 일백 번 고쳐 죽어, 백골(白骨)이 진토(塵土)되어 넋이라도 있고 없고, 임 향한 일편단심(一片丹心)이야 가실 줄이 있으랴

👑 화자의 상황과 정서 파악하기

01. 시적 화자는 누구인가?

02. 화자가 처한 상황은?

03. 화자의 정서와 태도는?

👑 시의 맥락 파악하기

01. <가>에서 화자가 원하는 모습을 상징적으로 드러내는 것은?

02. 시대적 상황을 고려할 때, <가>에서 '우리'가 의미하는 것은 ?

03. <나>에서 주제를 함축적으로 드러내는 시어는?

04. 시대적 상황을 고려할 때, <나>에서 '임'이 의미하는 것은?

♛ <가>와 <나> 비교하기

01. <가>와 <나>의 현실 대응 방식은?

02. <가>와 <나>의 표현 방식은 어떻게 다른가?

1-8. 다음 글을 읽고 물음에 답하시오.

하여가(何如歌) -이방원	단심가(丹心歌) -정몽주
이런들 어떠하며 저런들 어떠하리. 만수산(萬壽山) 드렁칡이 얽혀진들 어떠하리. ㉠우리도 이같이 얽혀져 백 년까지 누리리라.	이 몸이 죽어 죽어 일백 번 고쳐 죽어, 백골(白骨)이 진토(塵土)되어 넋이라도 있고 없고, 임 향한 일편단심(一片丹心)이야 가실 줄이 있으랴.

01. 다음 시조 두 편의 형식적 특징에 대한 설명으로 알맞지 <u>않은</u> 것은?

① 종장의 첫 음보는 3음절이다.

② 반복법, 점층법 등의 표현이 쓰였다.

③ 기본 형식의 평시조이며 정형시이다.

④ 각 장은 3음보이며, 3장 5구 12음보이다.

⑤ 시대상 고려 말에 지어진 고전 시조이다.

02. '하여가'를 쓴 목적으로 알맞은 것은?

① 정몽주의 회유를 거절하기 위해서

② 고려에 대한 충절을 지키기 위해서

③ 함께 조선 왕조를 건설하자고 회유하기 위해서

④ 두 왕조를 섬기지 않으려는 신념을 드러내기 위해서

⑤ 현실의 이익보다는 명분을 신념과 명분을 중시하기 위해서

03. '하여가'에서 글자 수를 엄격하게 지켜야 하는 부분에 해당하는 말로 알맞은 것은?

① 이런들 　　② 만수산 　　③ 드렁칡이 　　④ 어떠하리 　　⑤ 우리도

04. ㉠이 가리키는 사람으로 알맞은 것은?

① 고려 왕조를 지키기 위한 사람들

② 조선을 건국하는 데 협조하지 않는 사람들

③ 현실의 이익보다 명분과 신념을 중요시 하는 사람들

④ 정몽주와 함께 새로운 나라를 세우려고 하는 사람들

⑤ 이방원과 함께 새로운 나라를 세우려고 하는 사람들

05. 위 두 시조가 지어질 당시의 시대 상황으로 알맞은 것은?

① 외적의 침입으로 나라가 혼란스러웠던 시기

② 새로운 왕조 건국으로 나라의 기강을 바로 잡아야 하는 시기

③ 새 왕조를 세우자는 사람들과 그에 반대하는 사람들의 의견이 대립하던 시기

④ 조정 대신들이 백성들의 삶을 보지 않고 당파 싸움만 일삼아 민란이 많이 일어나던 시기

⑤ 무고한 모함을 받게 된 강직한 선비들이 억울함을 국왕에게 호소하고 정치적으로 혼란스러운 시기

06. '단심가'에 대한 설명으로 알맞은 것은?

① 정몽주에 대한 설득을 한다.

② 시류에 영합하는 삶을 권유한다.

③ 임금에 대한 변함없는 충성심이 드러난다.

④ 부드러운 화자의 어조를 바탕으로 태도가 드러난다.

⑤ 화자를 통해 자연 속의 호방한 생활 태도가 드러난다.

07. 다음 두 시조를 낭독할 때 끊어 읽기를 <u>잘못</u>한 것은?

① 이런들 / 어떠하며 / 저런들 / 어떠하리.

② 만수산 / 드렁칡이 / 얽혀진들 / 어떠하리.

③ 우리도 / 이같이 얽혀져 / 백년까지 / 누리리라.

④ 이 몸이 죽어 / 죽어 / 일백 번 / 고쳐 죽어.

⑤ 백골이 / 진토(塵土)되어 /넋이라도 /있고 없고,

08. '단심가'에서 주제를 잘 드러내는 핵심어를 찾아 쓰시오.

▥ 작품으로 개념 확인 | 작자미상, 「어이 못 오던가 무슨 일로 못 오던가」
어이 못 오던가 무슨 일로 못 오던가 너 오는 길에 무쇠 성을 쌓고 성 안에 담 쌓고 담 안에 집을 짓고 집 안에 뒤주 놓고 뒤주 안에 궤를 짜고 그 안에 너를 꽁꽁 묶어 넣고 쌍배목 외걸쇠 금거북 자물쇠로 꼭꼭 잠가 두었느냐 어 어찌 그렇게 오지 않았느냐. 한 해도 열두 달이요 한 달 서른 날에 나를 보러 올 하루가 없단 말인가

♛ 화자의 상황과 정서 파악하기

01. 시적 화자는 누구인가?

02. 화자가 처한 상황은?

03. 화자의 정서와 태도는?

♛ 시의 맥락 파악하기

01. 임을 오지 못하게 하는 장애물을 찾아 적으시오.

02. 중장에 사용된 표현방법은?

시 이해하기

1-8. 다음 글을 읽고 물음에 답하시오.

어이 못 오시나요 무슨 일로 못 오시나요

㉠너 오는 길에 [무쇠 성]을 쌓고 성 안에 [담] 쌓고 담 안에 집을 짓고 [집] 안에 뒤주 놓고 [뒤]주 안에 [궤]를 짜고 그 안에 너를 꽁꽁 묶어 넣고 [쌍배목 외걸쇠 금거북 자물쇠]로 꼭꼭 잠가 두었느냐 어 어찌 그렇게 오지 않았느냐.

어찌 그렇게 오지 않았느냐

㉡한 해도 열두 달이요 한 달 서른 날에 저를 보러 올 하루가 없단 말인가

---

01. 위 시조에 대한 내용으로 바르지 <u>않은</u> 것은?

① 반말의 어조를 통해 임에 대한 원망의 정서를 부드럽고 완곡하게 표현하고 있다.

② '무쇠성 – 담 – 집 – 뒤주 – 궤 – 궤안에 갇힌 임'으로 표현함으로써 임이 오지 못하는 장애 상황을 지나치게 과장하고 있다.

③ 과장의 표현을 통해 분위기를 해학적으로 만든다.

④ 떠난 임을 일 년 이상 보지 못했음을 알 수 있다.

⑤ 반복되는 표현을 많이 사용하고 있다.

02. ㉠에 대한 설명으로 옳지 <u>않은</u> 것은?

① 임의 상황을 과장되게 표현하였다.

② 오지 않는 임에 대한 원망이 드러난다.

③ 반말을 사용하고 어조가 강하고 호소력이 있다.

④ 단어의 순서를 바꾸어 문장 형식의 변화를 두었다.

⑤ 꼬리에 꼬리를 무는 표현으로 해학적으로 표현하였다.

03. ㉠에 대한 설명으로 알맞은 것을 <u>두 가지</u> 고르시오.

① 반복되는 표현을 통해 간절한 마음이 드러난다.

② 지나친 과장을 해서 그리움이 잘 드러나지 않는다.

③ 꼬리에 꼬리를 무는 표현 때문에 재미있는 느낌을 준다.

④ 한 장(章)의 길이가 너무 길어서 리듬감을 느끼기 어렵다.

⑤ 화자와 임 사이의 장애물을 나열하여 절망적 분위기이다.

04. 시의 중장에 쓰인 표현법을 이용한 작문을 하였다. 바르게 하지 <u>못한</u> 사람은?

① 혜인 : 내가 먹고 싶은 음식은 경북에서도 구미, 구미에서도 봉곡동, 봉곡동 중에서도 영남네오빌 앞에 있는 팔천순대이다.

② 소희 : 원숭이 엉덩이는 빨개, 빨간 것은 사과, 사과는 맛있어, 맛있는 건 바나나, 바나나는 길어, 긴 것은 기차..

③ 문성 : 내가 미래에 되고 싶은 사람은 착하고 성실한 아들, 멋지고 다정한 남편, 유능하고 자상한 아빠, 그리고 자랑스런 한국인입니다.

④ 승찬 : 대학을 가려면 공부를 해야 하고, 공부를 하려면 펜이 있어야 하고 펜을 사려면 돈이 있어야 하니, 내가 필요한 건 돈이야.

⑤ 기옥 : 내가 좋아하는 사람은 지구인 중에서도 황인종, 그중에서도 한국인, 한국인 중에서도 여자, 여자 중에서도 바로 너야.

05. 시를 〈보기〉와 같이 바꾸면 시의 분위기가 훨씬 더 부드러워지고 완곡해진다. 그 이유를 쓰시오.

─────〈 보기 〉─────

어이 못 오시나요 무슨 일로 못 오시나요

임 오시는 길에 무쇠 성을 쌓고 성 안에 담 쌓고 담 안에 집을 짓고 집 안에 뒤주 놓고 뒤주 안에 궤를 짜고 그 안에 임을 묶어 넣고 쌍배목 외걸쇠 금거북 자물쇠로 꼭꼭 잠가 두었나요 임이시여 어찌 그렇게 오지 않으시나요

한 해도 열두 달이요 한 달 서른 날에 저를 보러 올 하루가 없으시단 말인가요

06. 위 글 ⓛ에 나타난 화자의 심정으로 가장 알맞은 것은?

① 의문　　　② 원망　　　③ 사랑　　　④ 분노　　　⑤ 후회스러움

07. 위 시의 괄호 속의 시어들이 공통적으로 나타내는 것은?

① 화자의 재력　　　　　　　② 임과 나눈 정표
③ 사랑의 약속들　　　　　　④ 화자가 처한 현실
⑤ 여러 가지 장애물

08. 다음은 위 글에 대한 설명이다. 빈 칸에 들어갈 말로 가장 적절히 짝지어진 것은?

〈 보기 〉

위의 글은 사랑하는 사람이 오는 것을 막는 상황을 앞 구절의 끝 부분을 다음 구절의 첫머리에서 다시 되풀이하는 (ⓐ)적인 표현을 통해 효과적으로 드러내고 있다. 이러한 표현 방법은 기다림의 괴로움을 표현하되 그것을 생각하게 전달하지 않고 오히려 웃음을 유발하는 (ⓑ)적인 분위기를 만들어 낸다.

① ⓐ – 직유　　　ⓑ – 서정
② ⓐ – 과장　　　ⓑ – 반어
③ ⓐ – 연쇄　　　ⓑ – 해학
④ ⓐ – 반복　　　ⓑ – 동화
⑤ ⓐ – 풍유　　　ⓑ – 교훈

Memo

02

소설 이해하기

🚌 개념 정리 ..

01 :: 소설의 특징

1. 소설

현실에 있음직한 일을 작가가 상상하여 꾸며 쓴 산문 문학

( )	사실이 아닌, 작가가 상상하여 꾸며 낸 이야기임
( )	인물, 사건, 배경을 갖추고 일정한 시간의 흐름에 따라 사건이 전개됨
( )	꾸며낸 이야기 이지만, 인생의 진실과 삶의 참된 모습을 추구함
( )	언어를 통해 예술적인 아름다움과 감동을 전함
( )	허구의 문학이지만, 현실세계를 모방하고 반영함.

2. 소설의 요소

1) 주제

작가가 작품을 통해 말하고자 하는 중심 생각

2) 구성

( )	작가의 상상력으로 창조되어 작품 속에 등장하는 사람
( )	등장인물이 겪거나 벌이는 일과 행동
( )	사건이 일어나는 시간과 장소

3) 문체 : 작가의 개성이 드러나는 문장표현 방식

02 :: 인물

작가의 상상력으로 창조되어 소설 속에 등장하는 사람

- 소설의 인물은 사건과 행동의 주체임
- 소설은 인물의 생각과 행동, 인물간의 행동을 통해 주제가 구현됨
- 소설의 인물은 사람만이 아니라 동물이나 사물도 될 수 있음
- 소설 속에는 주인공뿐만 아니라 다양한 인물이 등장함

1. 인물의 유형

1) 주제의 구현

① ( ) 인물

- 소설 속에서 작가가 구현하려는 주제와 같은 방향으로 움직이는 인물임

  예) <춘향전>의 춘향

② ( ) 인물

- 소설 속에는 주동인물과 대립하는 인물임

  예) <춘향전>의 변사또

2) 성격 변화

① ( ) 인물

- 처음부터 끝까지 성격이 변화하지 않는 인물임

  예) 끝가지 권력을 추구하는 <우리들의 일그러진 영웅>의 엄석대

② ( ) 인물

- 상황과 환경의 변화에 따라 성격이 변하는

인물임

예) 처음에는 엄석대의 부당한 권력에 맞서지만, 점차 그에게 순응해 가는 <우리들의 일그러진 영웅>의 한병태

3) 보편성여부

① (　　　　　　　) 인물

- 어떤 집단이나 계층의 특징을 가장 잘 나타내는 인물임.
- 개인으로서의 개별성과 계층(집단)의 개별성을 함께 가지고 있음

  예) <춘향전>의 춘향은 열녀의 전형이고, <심청전>의 심청은 효녀의 전형이라 할 수 있음.

② (　　　　　　　) 인물

- 대부분의 현대소설에 등장하는 인물들은 개성적 인물임
- 어떤 무리의 대표적인 성격이 아닌 개인만의

분명하고 독특한 성격을 가진 인물임.

예) 하인이지만 양반들의 약점을 놀리기도 하는 <춘향전>의 방자

2. 인물 제시 방법

① (　　　　　　　) 제시

- 직접제시. 성명적 방법, 분석적 방법이라고도 함
- 서술자가 등장인물의 성격, 심리를 직접 설명.
  예) 경호네 내외간이 모두 억척스럽고 성실한 일꾼이었다.

② (　　　　　　　) 제시

- 간접제시, 극적방법이라고도 하며, 서술자가 인물의 성격을 대화나 행동으로 보여주어 간접적으로 제시함.
- 인물의 행동, 대화, 외양 묘사를 통해 독자가 등장 인물의 성격을 짐작하게 함.
  예) 경호엄마는 100원짜리 꼬마 손님한테도 일일이 뻥튀기 한 장씩을 선물로 주었다.

|||| 작품으로 개념 확인 | 박완서, 「자전거 도둑」

👑 다음 소설에서 <주동인물>과 <반동인물> 찾기

"이놈아, 어딜 도망가는 거야! 게 서라. 꼼짝 말고."

수남이는 자기에게 지르는 고함은 아니겠지 싶어 그대로 페달을 밟는다.

"아니 이놈이, 어디로 도망을 가려고 이래!"

뒷덜미를 사납게 붙들린다.

깜짝 놀라 돌아다보니 점잖고 깨끗한 신사다. 이런 신사가 자기에게 어떤 볼일이 있다는 것인지, 수남이는 짐작을 할 수 없다. 게다가 신사는 몹시 화가 나 있다. 신사를 화나게 할 일을 자기가 저질렀다고는 더구나 생각할 수 없다.

"인마, 꼼짝 말고 있어."

　신사의 말이 아니더라도 꼼짝할 수 있는 처지가 아니다. 꼼짝하기는커녕 숨도 제대로 쉴 수 없을 만큼 수남이의 뒷덜미는 신사의 손에 잔뜩 움켜쥐어져 있다.

　"인마, 네놈 자전거가 쓰러지면서 내 차를 들이받았단 말이야. 이런 고급 차를 말이야. 이런 미련한 놈, 왜 눈은 째려, 째리긴! 그러니 내 차에 흠이 안 나고 배겼겠냐. 내 차는 인마, 여자들 손톱만 살짝 닿아도 생채기가 나는 고급 차야 인마, 알아?"

　그러고는 거울처럼 티 하나 없이 번들대는 차를 면밀히 훑어보더니 환성을 질렀다.

　"그러면 그렇지."

　아마 자전거가 부딪쳐 긁힌 생채기를 찾아낸 모양이다.

　"인마, 칠만 살짝 긁혔어도 또 모르겠는데……. 여기 봐라, 여기가 이렇게 우그러지기까지 했으니 일은 컸다, 컸어."

　신사가 덩칫값도 못 하게 팔짝팔짝 뛰면서, 잘 봐 두라는 듯이 수남이의 얼굴을 차에다 바싹 밀어붙였다. 그러나 수남이는 번쩍이는 차에 비친 울상이 된 자기 얼굴만 볼 수 있을 뿐이었다.

　꼭 오늘 재수 옴 붙은 일이 생길 것 같더니만, 마침내 이런 끔찍한 일이 일어나고 말았구나. 울음이 왈칵 솟구친다. 그러자 제 얼굴도, 차체의 흠도 아무것도 안 보이고 온 세상이 부옇게 흐려 보일 뿐이다. **〈중략〉**

　"아저씨, 잘못했습니다. 한번만 용서해 주십시오. 아저씨이……."

　제법 또렷한 소리로 용서를 빈다.

　"용서라니. 이만큼 했으면 됐지, 어떻게 더 용서를 해."

　"아저씨, 그러시지 말고 한번만 봐 주세요. 네, 아저씨?"

　"아니, 이 녀석이 이제 보니 이런 큰일 저지르고 그냥 내뺄 생각 아냐? 요런 악질 녀석 같으니라고."

　신사의 표정은 은은히 감돌던 연민이 싹 가시고 점잖게 무표정해진다.

01. 주동 인물은?

02. 반동 인물은?

👑 두 편의 소설에서 <전형적 인물>과 <보편적 인물> 찾기

진짓상을 물려 내고, 담배 태워 드린 뒤에 밥상을 앞에 놓고 먹으려 하니 간장이 썩는 눈물은 눈에서 솟아나고, 아버지 신세 생각하며 저 죽을 일을 생각하니 정신이 아득하고 몸이 떨려 밥을 먹지 못하고 물렸다. 그런 뒤에 심청이 사당에 하직하려고 다시 세수하고 사당 문을 가만히 열고 인사를 올렸다.

"못난 자식 심청이는 아비 눈뜨기를 위하여 인당수 제물로 몸을 팔러 가오니, 조상 제사를 끊게 되오니 슬픈 마음을 이기지 못하겠습니다."

울며 하직하고 사당 문 닫은 뒤에 아버지 앞에 나아 두 손을 부여잡고 기절하니, 심 봉사가 깜짝 놀라,

"아가 아가, 이게 웬일이냐? 정신 차려 말하거라." 심청이 여쭙기를,

"내가 못난 딸자식으로 아버지를 속였어요. 공양미 삼백 석을 누가 저에게 주겠어요. 뱃사람들에게 인당수 제물로 몸을 팔아 오늘이 떠나는 날이니 저를 마지막으로 보셔요." 심봉사가 이 말을 듣고,

"참말이냐, 참말이냐? 애고 애고, 이게 웬 말인고. 못가리라 못가리라. 너 날더러 묻지도 않고 네 임의대로 한단 말가? 네가 살고 내가 눈 뜨면 그는 응당하려니와 자식 죽여 눈을 뜬들 그게 차마 할 일이냐? 너의 모친 너를 늦게야 낳고 초칠일 안에 죽은 후에 눈 어두운 늙은 것이 품 안에 너를 안고 이집 저집 다니면서 구차한 말 하여가면서 동냥젖 얻어 먹여 키워 이만치 자랐거든, 내 아무리 눈 어두우나 너를 눈으로 알고 너의 모친 죽은 후에 차차 전과 같더니, 이 말이 무슨 말인고? 마라 마라, 못하리라. 아내 죽고 자식 잃고 내 살아서 무엇 하리. 너하고 나하고 함께 죽자. 눈을 팔아 너를 살 터에 눈을 뜬들 무엇을 보려고 눈을 뜨리?

01. 심청의 인물 유형은 ?

나는 어디로 어디로 들입다 쏘다녔는지 하나도 모른다. 다만 몇 시간 후에 내가 미쓰코시 옥상에 있는 것을 깨달았을 때는 거의 대낮이었다. 나는 거기 아무 데나 주저앉아서 내 자라온 스물여섯 해를 회고하여 보았다. 몽롱한 기억 속에서는 이렇다는 아무 제목도 불거져 나오지 않았다.

> 나는 또 내 자신에게 물어 보았다. 너는 인생에 무슨 욕심이 있느냐고. 그러나 있다고도 없다고도, 그런 대답은 하기가 싫었다. 〈중략〉 나는 불현듯이 겨드랑이가 가렵다. 아아, 그것은 내 인공의 날개가 돋았던 자국이다. **오늘은 없는 이 날개, 머릿속에서는 희망과 야심의 말소된 페이지가 딕셔너리 넘어가듯 번뜩였다**. 나는 걷던 걸음을 멈추고 그리고 어디 한 번 이렇게 외쳐 보고 싶었다.
>
> 날개야 다시 돋아라. 날자. 날자. 날자. 한 번만 더 날자꾸나. 한 번만 더 날아 보자꾸나.

02. 반동 인물은?

IIII 작품으로 개념 확인 | 황순원, 「소나기」

👑 다음 소설에서 '소년'과 '소녀'의 성격이 어떻게 변하는 지 살펴보자. 이러한 인물 유형은 ?

> 벌써 며칠째 소녀는, 학교에서 돌아오는 길에 물장난이었다. 그런데 어제까지는 개울 기슭에서 하더니, 오늘은 징검다리 한가운데 앉아서 하고 있다.
>
> 소년은 개울둑에 앉아 버렸다. 소녀가 비키기를 기다리자는 것이다.
>
> 그러다가 소녀가 물속에서 무엇을 하나 집어낸다. 하얀 조약돌이었다. 그러고는 벌떡 일어나 팔짝팔짝 징검다리를 뛰어 건너간다. 다 건너가더니만 홱 이리로 돌아서며,
>
> "이 바보." 조약돌이 날아왔다.
>
> 소년은 저도 모르게 벌떡 일어섰다.
>
> 단발머리를 나풀거리며 소녀가 막 달린다. 갈밭 사잇길로 들어섰다. 뒤에는 청량한 가을 햇살 아래 빛나는 갈꽃뿐.
>
> **〈중략 – 소년과 소녀가 친해지고 함께 산에 올라 감〉**
>
> 산을 내려오는데, 떡갈나무 잎에서 빗방울 듣는 소리가 난다. 굵은 빗방울이었다. 목덜미가 선뜩선뜩했다. 그러자 대번에 눈앞을 가로막는 빗줄기.
>
> 비안개 속에 원두막이 보였다. 그리로 가 비를 그을 수밖에.
>
> 그러나 원두막은 기둥이 기울고 지붕도 갈래갈래 찢어져 있었다. 그런대로 비가 덜 새는 곳을 가려 소녀를 들어서게 했다.
>
> 소녀의 입술이 파랗게 질렸다. 어깨를 자꾸 떨었다.
>
> 무명 겹저고리를 벗어 소녀의 어깨를 싸 주었다. 소녀는 비에 젖은 눈을 들어 한 번 쳐다보았을 뿐, 소년이 하는 대로 잠자코 있었다. 그러고는 안고 온 꽃묶음 속에서 가지가 꺾이고 꽃이 일그러진

송이를 골라 발밑에 버린다.

소녀가 들어선 곳도 비가 새기 시작했다. 더 거기서 비를 그을 수 없었다.

01. 소년과 소녀의 성격은 어떻게 변하는가?

- 소년 : (   ) ⇒ (   )

- 소녀 : (   ) ⇒ (   )

2. 인물 유형?

|||| 작품으로 개념 확인 | 허균, 「홍길동전」 & 전광용, 「꺼삐딴리」

♔ 소설 속에서 인물 성격의 직접적, 간접적 제시 방법 찾기

길동이 점점 자라 여덟 살이 되자, 총명하기가 보통이 넘어 하나를 들으면 백 가지를 알 정도였다. 그래서 공(公)은 길동을 더욱 귀여워하면서도 길동이 출생이 천하여, 길동이 '아버지'나 '형'하고 부를 때마다 즉시 꾸짖어 그렇게 부르지 못하도록 하였다.	➡ ( )
상대가 지기(知己)나 거물급이 아닌 한 외상이라는 명목은 붙을 수가 없었다. 설령, 있다 해도 이 양면 진단은 한 푼의 미수(未收)나 결손도 없게 한, 그의 인생을 통한 의술 생활의 신조요 비결이었다. 그러기에 그의 고객은, 왜정 시대는 주로 일본인이었고, 현재는 권력층이 아니면 재벌의 셈속에 드는 축이어야만 했다. 그의 일과는 아침에 진찰실에 나오자 손가락 끝으로 창틀이나 탁자 위를 훑어 무테 안경 속 움푹한 눈으로 응시하는 일에서 출발한다.	➡ ( )

IIIII 핵심정리 | 김유정, 「동백꽃」

♛ 점순이에게 내배앝는 소리를 하는 것으로 미루어 보아 나의 성격은 어떠한가?

<어휘정리>

* **얼리었다** : 서로 얽히었다.
* **대강이** : '머리'를 속되게 이르는 말.
* **덩저리** : '몸집'을 낮잡아 이르는 말.
* **면두** : '볏'의 방언.
* **쪼간** : '사건'의 방언.
* **쌩이질** : 씨양이질. 한창 바쁠 때에 쓸데없는 일로 남을 귀찮게 구는 짓.
* **긴치 않은** : 필요하지 않은.
* **황차(況且)** : 하물며.

<발단> 오늘도 또 우리 수탉이 막 쫓기었다. 내가 점심을 먹고 나무를 하러 갈 양으로 나올 때이었다. 산으로 올라서려니까 등 뒤에서 푸드덕푸드덕, 하고 닭의 횃소리가 야단이다. 깜짝 놀라서 고개를 돌려 보니 아니나 다르랴, 두 놈이 또 **얼리었다.***

점순네 수탉(은 **대강이***가 크고 똑 오소리같이 실팍하게 생긴 놈)이 **덩저리*** 작은 우리 수탉을 함부로 해내는 것이다. 그것도 그냥 해내는 것이 아니라 푸드덕 하고 **면두***를 쪼고 물러섰다가 좀 사이를 두고 또 푸드덕 하고 모가지를 쪼았다. 이렇게 멋을 부려 가며 여지없이 닦아 놓는다. 그러면 이 못생긴 것은 쪼일 적마다 주둥이로 땅을 받으며 그 비명이 킥, 킥 할 뿐이다. 물론 미처 아물지도 않은 면두를 또 쪼이어 붉은 선혈은 뚝뚝 떨어진다.

이걸 가만히 내려다보자니 내 대강이가 터져서 피가 흐르는 것같이 두 눈에서 불이 번쩍 난다. 대뜸 지게막대기를 메고 달려들어 점순네 닭을 후려칠까 하다가 생각을 고처먹고 헛매질로 떼어만 놓았다.

이번에도 점순이가 쌈을 붙여 났을 것이다. 바짝바짝 내 기를 올리느라고 그랬음에 틀림없을 것이다.

고놈의 계집애가 요새로 들어서서 왜 나를 못 먹겠다고 고렇게 아르릉거리는지 모른다.

<전개> 나흘 전 감자 **쪼간***만 하더라도 나는 저에게 조금도 잘못한 것은 없다.

계집애가 나물을 캐러 가면 갔지 남 울타리 엮는 데 **쌩이질***을 하는 것은 다 뭐냐. 그것도 발소리를 죽여 가지고 등 뒤로 살며시 와서,

"애! 너, 혼자만 일하니?"

하고 긴치 **않은*** 수작을 하는 것이다.

어제까지도 저와 나는 이야기도 잘 않고 서로 만나도 본척만척하고 이렇게 점잖게 지내던 터이련만, 오늘로 갑작스레 대견해졌음은 웬일인가. **황차*** 망아지만 한 계집애가 남 일하는 놈보구……

"그럼 혼자 하지 떼루 하디?"

내가 이렇게 내배앝는 소리를 하니까

"너, 일하기 좋니?"

또는,

"한여름이나 되거든 하지 벌써 울타리를 하니?"

잔소리를 두루 늘어놓다가 남이 들을까 봐 손으로 입을 틀어막고는 그 속에서 깔깔댄다. 별로 우스울 것도 없는데, 날씨가 풀리더니 이놈의 계집애가 미쳤나 하고 의심하였다. 게다가 조금 뒤에는 제 집께를 할금할금 돌아보더니 행주치마의 속으로 꼈던 바른손을 뽑아서 나의 턱밑으로 불쑥 내미는 것이다. 언제 구웠는지 아직도 더운 김이 홱 끼치는 굵은 감자 세 개가 손에 뿌듯이 쥐었다.

"느 집엔 이거 없지?"

하고 생색 있는 큰소리를 하고는, 제가 준 것을 남이 알면은 큰일 날 테니 여기서 얼른 먹어 버리란다. 그리고 또 하는 소리가,

"너, 봄감자가 맛있단다."

"난 감자 안 먹는다, 너나 먹어라."

나는 고개도 돌리려지 않고 일하던 손으로 그 감자를 도로 어깨 너머로 쑥 밀어 버렸다.

그랬더니 그래도 가는 기색이 없고, 뿐만 아니라 쌔근쌔근하고 심상치 않게 숨소리가 점점 거칠어진다. 이건 또 뭐야, 싶어서 그때서야 비로소 돌아다보니 나는 참으로 놀랐다. 우리가 이 동리에 들어온 것은 근 삼 년째 되어 오지만, 여태껏 가무잡잡한 점순이의 얼굴이 이렇게까지 홍당무처럼 새빨개진 법이 없었다. 게다 눈에 독을 올리고 한참 나를 요렇게 쏘아보더니 나중에는 눈물까지 어리는 것이 아니냐. 그리고 바구니를 다시 집어 들더니 이를 꼭 악물고는 엎어질 듯 자빠질 듯 논둑으로 힁허케 달아나는 것이다.

어쩌다 동리 어른이,

"너, 얼른 시집가야지?"

하고 웃으면,

"염려 마서유. 갈 때 되면 어련히 갈라구!"

♛ 나가 호의를 거절한 후, 점순이가 보인 반응에서 알 수 있는 점순이의 마음은 어떠한가?

<어휘정리>

* **얼리었다** : 서로 얽히었다.

* **대강이** : '머리'를 속되게 이르는 말.

* **덩저리** : '몸집'을 낮잡아 이르는 말.

* **면두** : '볏'의 방언.

* **쪼간** : '사건'의 방언.

* **쌩이질** : 씨양이질. 한창 바쁠 때에 쓸데없는 일로 남을 귀찮게 구는 짓.

* **긴치 않은** : 필요하지 않은.

* **황차(況且)** : 하물며.

이렇게 천연덕스레 받는 점순이었다. 본시 부끄러움을 타는 계집애도 아니려니와 또한 분하다고 눈에 눈물을 보일 얼병이도 아니다. 분하면 차라리 나의 등어리를 바구니로 한번 모질게 후려 때리고 달아날지언정.

그런데 고약한 그 꼴을 하고 가더니 그 뒤로는 나를 보면 잡아먹으려고 기를 복복 쓰는 것이다.

설혹 주는 감자를 안 받아 먹은 것이 실례라 하면, 주면 그냥 주었지 '느 집엔 이거 없지'는 다 뭐냐. 그러잖아도 저희는 **마름***이고 우리는 그 손에서 **배재***를 얻어 땅을 부치므로 일상 굽실거린다. 우리가 이 마을에 처음 들어와 집이 없어서 곤란으로 지낼 제, 집터를 빌리고 그 위에 집을 또 짓도록 마련해 준 것도 점순네의 호의였다. 그리고 우리 어머니 아버지도 농사 때 양식이 달리면 점순네한테 가서 부지런히 꾸어다 먹으면서, 인품 그런 집은 다시 없으리라고 침이 마르도록 칭찬하곤 하는 것이다. 그러면서도 열일곱씩이나 된 것들이 수군수군하고 붙어 다니면 동리의 소문이 사납다고 주의를 시켜 준 것도 또 어머니였다. 왜냐하면 내가 점순이하고 일을 저질렀다가는 점순네가 노할 것이고, 그러면 우리는 땅도 떨어지고 집도 내쫓기고 하지 않으면 안 되는 까닭이었다.

그런데 이놈의 계집애가 까닭 없이 기를 복복 쓰며 나를 말려 죽이려고 드는 것이다.

눈물을 흘리고 간 담날 저녁 나절이었다. 나무를 한 짐 잔뜩 지고 산을 내려오려니까 어디서 닭이 죽는 소리를 친다. 이거 뉘 집에서 닭을 잡나, 하고 점순네 울 뒤로 돌아오다가 나는 고만 두 눈이 뚱그레졌다. 점순이가 저희 집 **봉당***에 홀로 걸터앉았는데, 이게 치마 앞에다 우리 씨암탉을 꼭 붙들어 놓고는,

"이놈의 닭! 죽어라, 죽어라."

요렇게 **암팡스레*** 패 주는 것이 아닌가. 그것도 대가리나 치면 모른다마는 아주 알도 못 낳으라고 그 볼기짝께를 주먹으로 콕콕 쥐어박는 것이다.

나는 눈에 쌍심지가 오르고 사지가 부르르 떨렸으나, 사방을 한번 휘 돌아보고야 그제서 점순이 집에 아무도 없음을 알았다. 잡은 참 지게막대기를 들어 울타리의 중턱을 후려치며,

---

<어휘정리>

***마름** : 지주를 대리하여 소작권을 관리하던 사람.

***배재** : 마름과 소작인 사이에 교환한 소작권 위임 문서. 여기서는 소작권을 뜻함.

***봉당** : 안방과 건넌방 사이의 마루를 놓을 자리에 마루를 놓지 아니하고 흙바닥 그대로 둔 곳.

***암팡스레** : 몸은 작아도 야무지고 다부진 면이 있게.

“이놈의 계집애! 남의 닭 알 못 낳으라구 그러니?”

하고 소리를 빽 질렀다.

그러나 점순이는 조금도 놀라는 기색이 없고, 그대로 의젓이 앉아서 제 닭 가지고 하듯이 또 죽어라, 죽어라 하고 패는 것이다. 이걸 보면 내가 산에서 내려올 때를 겨냥해 가지고 미리부터 닭을 잡아 가지고 있다가 너 보란 듯이 내 앞에 **줴지르고*** 있음이 확실하다.

그러나 나는 그렇다고 남의 집에 뛰어들어가 계집애하고 싸울 수도 없는 노릇이고, 형편이 썩 불리함을 알았다. 그래 닭이 맞을 적마다 지게막대기로 울타리나 후려칠 수밖에 별 도리가 없다. 왜냐하면 울타리를 치면 칠수록 울섶이 물러앉으며 뼈대만 남기 때문이다. 허나, 아무리 생각하여도 나만 밑지는 노릇이다.

“야, 이년아! 남의 닭 아주 죽일 터이냐?”

내가 도끼눈을 뜨고 다시 꽥 호령을 하니까 그제야 울타리께로 쪼르르 오더니 울 밖에 섰는 나의 머리를 겨누고 닭을 내팽개친다.

“에이, 더럽다! 더럽다!”

“더러운 걸 널더러 입때 끼고 있으랬니? 망할 계집애년 같으니!”

하고 나도 더럽단 듯이 울타리께를 힝하니 돌아내리며 약이 오를 대로 다 올랐다라고 하는 것은, 암탉이 풍기는 서슬에 나의 이마빼기에다 물찌똥을 찍 갈겼는데, 그걸 본다면 알집만 터졌을 뿐 아니라 골병은 단단히 든 듯싶다.

그리고 나의 등 뒤를 향하여 나에게만 들릴 듯 말 듯한 음성으로,

“이 바보 녀석아!”

“얘! 너, 배냇병신이지?”

그만도 좋으련만

“얘! 너, 느 아버지가 고자라지?”

“뭐? 울 아버지가 그래 고자야?”

할 양으로 **열벙거지***가 나서 고개를 홱 돌리어 바라봤더니, 그때까지 울타리 위로 나와 있어야 할 점순이의 대가리가 어디 갔는지 보이지를 않는다. 그러다 돌아서서 오자면 아까 한 욕을 울 밖으로 또 퍼붓는 것이다. 욕을 이토록 먹어 가면서도 대거리 한마디 못 하는 걸 생각하니, 돌부

<어휘정리>

***줴지르고** : 쥐어지르고. 주먹으로 힘껏 내지르고.

***열벙거지** : 왈칵 치밀어 오르는 화.

리에 채어 발톱 밑이 터지는 것도 모를 만치 분하고 급기야는 두 눈에 눈물까지 불끈 내솟는다.

그러나 점순이의 침해는 이것뿐이 아니다.

사람들이 없으면 틈틈이 제 집 수탉을 몰고 와서 우리 수탉과 쌈을 붙여 놓는다. 제 집 수탉은 썩 험상궂게 생기고 **쌈이라면 회를 치는 고로*** 으레 이길 것을 알기 때문이다. 그래서 툭하면 우리 수탉이 면두며 눈깔이 피로 흐드르하게 되도록 해 놓는다. 어떤 때에는 우리 수탉이 나오지를 않으니까 요놈의 계집애가 모이를 쥐고 와서 꾀어내다가 쌈을 붙인다.

<위기> 이렇게 되면 나도 다른 **배차***를 차리지 않을 수 없었다. 하루는 우리 수탉을 붙들어 가지고 넌지시 장독께로 갔다. 쌈닭에게 고추장을 먹이면, 병든 황소가 살모사를 먹고 용을 쓰는 것처럼 기운이 뻗친다 한다. 장독에서 고추장 한 접시를 떠서 닭 주둥아리께로 들이밀고 먹여 보았다. 닭도 고추장에 맛을 들였는지 거스르지 않고 거진 반 접시 턱이나 곧잘 먹는다.

그리고 먹고 금세는 용을 못 쓸 터이므로 얼마쯤 기운이 돌도록 홰 속에다 가두어 두었다.

밭에 두엄을 두어 짐 져 내고 나서 쉴 참에 그 닭을 안고 밖으로 나왔다. 마침 밖에는 아무도 없고 점순이만 저희 울 안에서 헌 옷을 뜯는지 혹은 솜을 터는지 옹크리고 앉아서 일을 할 뿐이다.

나는 점순네 수탉이 노는 밭으로 가서 닭을 내려놓고 가만히 맥을 보았다. 두 닭은 여전히 얼리어 쌈을 하는데 처음에는 아무 보람이 없다. 멋지게 쪼는 바람에 우리 닭은 또 피를 흘리고 그러면서도 날갯죽지만 푸드덕, 푸드덕 하고 올라 뛰고 뛰고 할 뿐으로 제법 한번 쪼아 보도 못 한다.

그러나 한번은 어쩐 일인지 용을 쓰고 펄쩍 뛰더니 발톱으로 눈을 하비고 내려오며 면두를 쪼았다. 큰 닭도 여기에는 놀랐는지 뒤로 멈씰하며 물러난다. 이 기회를 타서 작은 우리 수탉이 또 날쌔게 덤벼들어 다시 면두를 쪼니 그제는 **감때사나운*** 그 대강이에서도 피가 흐르지 않을 수 없었다.

옳다 알았다, 고추장만 먹이면은 되는구나 하고 나는 속으로 아주 **쟁**

그리워* 죽겠다. 그때에는 뜻밖에 내가 닭쌈을 붙여 놓는 데 놀라서 울 밖으로 내다보고 섰던 점순이도 입맛이 쓴지 눈살을 찌푸렸다.

나는 두 손으로 볼기짝을 두드리며 연방,

"잘한다! 잘한다!"

하고 신이 머리끝까지 뻗치었다.

그러나 얼마 되지 않아서 나는 넋이 풀리어 기둥같이 묵묵히 서 있게 되었다. 왜냐하면 큰 닭이 한번 쪼인 앙갚음으로 호들갑스레 연거푸 쪼는 서슬에 우리 수탉은 찔끔 못 하고 막 곯는다. 이걸 보고서 이번에는 점순이가 깔깔거리고 되도록 이쪽에서 많이 들으라고 웃는 것이다.

나는 보다 못하여 덤벼들어서 우리 수탉을 붙들어 가지고 도로 집으로 들어왔다. 고추장을 좀 더 먹였더라면 좋았을걸, 너무 급하게 쌈을 붙인 것이 퍽 후회가 난다. 장독께로 돌아와서 다시 턱밑에 고추장을 들이댔다. 흥분으로 말미암아 그런지 당최 먹질 않는다.

나는 하릴없이 닭을 반듯이 누이고 그 입에다 **궐련 물부리***를 물리었다. 그리고 고추장 물을 타서 그 구멍으로 조금씩 들이부었다. 닭은 좀 괴로운지 킥킥 하고 재채기를 하는 모양이나, 그러나 당장의 괴로움은 매일같이 피를 흘리는 데 멜 게 아니라 생각하였다.

그러나 한 두어 종지 가량 고추장 물을 먹이고 나서는 나는 그만 풀이 죽었다. 싱싱하던 닭이 왜 그런지 고개를 살며시 뒤틀고는 손아귀에서 뻐드러지는 것이 아닌가. 아버지가 볼까 봐서 얼른 홰에다 감추어 두었더니 오늘 아침에서야 겨우 정신이 든 모양 같다.

〈절정〉 그랬던 걸 이렇게 오다 보니까 또 쌈을 붙여 놓으니, 이 망할 계집애가 필연 우리 집에 아무도 없는 틈을 타서 제가 들어와 홰에서 꺼내 가지고 나간 것이 분명하다.

나는 다시 닭을 잡아다 가두고, 염려는 스러우나 그렇다고 산으로 나무를 하러 가지 않을 수도 없는 형편이었다.

소나무 **삭정이***를 따며 가만히 생각해 보니, 암만해도 고년의 목쟁이를 돌려놓고 싶다. 이번에 내려가면 망할 년 등줄기를 한번 되게 후려치겠다 하고 **싱둥겅둥*** 나무를 지고는 부리나케 내려왔다.

🏵 닭에게 다시 고추장 물을 먹이는 나의 심정은 어떠한가?

<어휘정리>

***궐련 물부리** : 담배를 끼워서 빠는 물건. '궐련' 은 담배를 가리킴.

***삭정이** : 살아 있는 나무에 붙어 있는, 말라 죽은 가지.

***싱둥겅둥** : 건성건성. 정성을 들이지 않고 대강대강 일을 하는 모양.

♛ 나는 닭싸움을 시킨 점순이의 의도가 무엇이라고 생각하는가?

♛ "그럼 너 이담부턴 안 그럴 테냐?"라는 말에 담긴 의미는 무엇인가?

<어휘정리>

*호드기 : 버드나무 가지의 껍질을 고루 비틀어 뽑은 껍질이나 짤막한 밀짚 토막 따위로 만든 피리.

*빈사 : 반죽음.

*격실격실히 : 성품, 언동, 생김생김 따위가 서글서글하고 활발히

거지반 집에 다 내려와서 나는 **호드기*** 소리를 듣고 발이 딱 멈추었다. 산기슭에 널려 있는 굵은 바윗돌 틈에 노란 동백꽃이 소보록하니 깔리었다. 그 틈에 끼여 앉아서 점순이가 청승맞게시리 호드기를 불고 있는 것이다. 그보다도 더 놀란 것은 그 앞에서 또 푸드덕, 푸드덕 하고 들리는 닭의 횃소리다. 필연코 요년이 나의 약을 올리느라고 또 닭을 집어 내다가 내가 내려올 길목에다 쌈을 시켜 놓고, 저는 그 앞에 앉아서 천연스레 호드기를 불고 있음에 틀림없으리라.

나는 약이 오를 대로 다 올라서 두 눈에서 불과 함께 눈물이 퍽 쏟아졌다. 나무 지게도 벗어 놀 새 없이 그대로 내동댕이치고는 지게막대기를 뻗치고 허둥지둥 달려들었다.

가까이 와 보니, 과연 나의 짐작대로 우리 수탉이 피를 흘리고 거의 **빈사*** 지경에 이르렀다. 닭도 닭이려니와 그러함에도 불구하고 눈 하나 깜짝 없이 고대로 앉아서 호드기만 부는 그 꼴에 더욱 치가 떨린다. 동리에서도 소문이 났거니와 나도 한때는 **격실격실히*** 일 잘하고 얼굴 예쁜 계집애인 줄 알았더니, 시방 보니까 그 눈깔이 꼭 여우새끼 같다.

나는 대뜸 달려들어서 나도 모르는 사이에 큰 수탉을 단매로 때려 엎었다. 닭은 푹 엎어진 채 다리 하나 꼼짝 못 하고 그대로 죽어 버렸다. 그리고 나는 멍하니 섰다가, 점순이가 매섭게 눈을 흡뜨고 닥치는 바람에 뒤로 벌렁 나자빠졌다.

"이놈아! 너, 왜 남의 닭을 때려죽이니?"

"그럼 어때?"

하고 일어나다가,

"뭐, 이 자식아! 누 집 닭인데?"

하고 복장을 떼미는 바람에 다시 벌렁 자빠졌다. 그러고 나서 가만히 생각하니 분하기도 하고 무안도 스럽고, 한편 일을 저질렀으니 인젠 땅이 떨어지고 집도 내쫓기고 해야 될는지 모른다.

<결말> 나는 비슬비슬 일어나며 소맷자락으로 눈을 가리고는 얼김에 엉하고 울음을 놓았다. 그러다 점순이가 앞으로 다가와서,

"그럼 너, 이담부턴 안 그럴 테냐?"

하고 물을 때에야 비로소 살길을 찾은 듯싶었다. 나는 눈물을 우선 씻고 뭘 안 그러는지 명색도 모르건만,

"그래!"

하고 무턱대고 대답하였다.

"요담부터 또 그래 봐라, 내 자꾸 못살게 굴 테니."

"그래 그래, 인젠 안 그럴 테야."

"닭 죽은 건 염려 마라. 내 안 이를 테니."

그리고 뭣에 떠다밀렸는지 나의 어깨를 짚은 채 그대로 퍽 쓰러진다. 그 바람에 나의 몸뚱이도 겹쳐서 쓰러지며, 한창 피어 퍼드러진 노란 동백꽃 속으로 폭 파묻혀 버렸다.

알싸한*\ 그리고 향긋한 그 냄새에 나는 땅이 꺼지는 듯이 온 정신이 고만 아찔하였다.

"너, 말 마라."

"그래!"

조금 있더니 요 아래서,

"점순아! 점순아! 이년이 바느질을 하다 말구 어딜 갔어?"

하고 어딜 갔다 온 듯싶은 그 어머니가 역정이 대단히 났다.

점순이가 겁을 잔뜩 집어먹고 꽃 밑을 살금살금 기어서 산 아래로 내려간 다음, 나는 바위를 끼고 엉금엉금 기어서 산 위로 **치빼지***\ 않을 수 없었다.

<어휘정리>
* **알싸한** : 매운맛이나 독한 냄새 등으로 콧속이나 혀끝이 알알한.
* **치빼지** : 속된 말로, '냅다 달아나지' 라는 의미.

① 인물　・나:

　　　　・점순이 :

② 사건　・점순이가 나를 괴롭히는 이유는 무엇인가?

　　　　・점순이와 나는 어떻게 화해하게 되었는가?

③ 배경　・나가 점순이를 함부로 대하지 못하는 이유는 무엇인가? 시대적 배경과 연관지어 생각해 보자.

④ 시점　・누구의 시점으로 말하고 있는가?

⑤ 주제　・이 글을 통해 작가가 하고자 하는 이야기는 무엇인가?

(가) 오늘도 또 우리 수탉이 막 쪼이었다. 내가 점심을 먹고 나무를 하러 갈 양으로 나올 때이었다. 산으로 올라서려니까 등 뒤에서 '푸드덕푸드덕' 하고 닭의 홰소리가 야단이다. 깜짝 놀라며 고개를 돌려보니 아니나 다르랴, 두 놈이 또 얼리었다.

ⓐ점순네 수탉(은 대강이가 크고 똑 오소리같이 실팍하게 생긴 놈)이 덩저리 작은 우리 수탉을 함부로 해내는 것이다. 그것도 그냥 해내는 것이 아니라, 푸드덕하고 면두를 쪼고 물러섰다가 좀 사이를 두고 또 푸드덕하고 모가지를 쪼았다. 이렇게 멋을 부려 가며 여지없이 닦아 놓는다. 그러면 이 못생긴 것은 쪼일 적마다 주둥이로 땅을 받으며 그 비명이 '킥, 킥' 할 뿐이다. 물론, 미처 아물지도 않은 면두를 또 쪼이어 붉은 선혈은 뚝뚝 떨어진다.

(중간 생략) 이번에도 점순이가 ㉠쌈을 붙여 났을 것이다. 바짝바짝 내 기를 올리느라고 그랬음에 틀림없을 것이다.

(나) 나흘 전 감자 ㉡쪼간만 하더라도 나는 저에게 조금도 잘못한 것은 없다.

계집애가 나물을 캐러 가면 갔지 남의 집 울타리 엮는 데 쌩이질을 하는 것은 다 뭐냐. 그것도 발소리를 죽여 가지고 등 뒤로 살며시 와서,

"얘! 너 혼자만 일하니?"

하고, 긴치 않는 수작을 하는 것이다.

어제까지도 저와 나는 이야기도 잘 않고 서로 만나도 본척만척하고 이렇게 점잖게 지내던 터이련만, 오늘로 갑작스레 대견해졌음은 웬일인가. 황차 망아지만 한 계집애가 남 일하는 놈 보구…….

"그럼 혼자 하지 떼루 하디?"

내가 이렇게 내배앝는 소리를 하니까

"너, 일하기 좋니?"

또는,

"한여름이나 되거든 하지 벌써 울타리를 하니?"

잔소리를 두루 늘어놓다가 남이 들을까 봐 손으로 입을 틀어 막고는 그 속에서 깔깔대인다.

별로 우스울 것도 없는데, 날씨가 풀리더니 이놈의 계집애가 미쳤나 하고 의심하였다. 게다가 조금 뒤에는 제집께를 힐끔힐끔 돌아보더니 행주치마의 속으로 꼈던 바른손을 뽑아서 나의 턱 밑으로 불쑥 내미는 것이다. 언제 구웠는지 아직도 더운 김이 홱 끼치는 굵은 ⓒ감자 세 개가 손에 뿌듯이 쥐었다.

"느 집엔 이거 없지?"

하고 생색 있는 큰소리를 하고는, 제가 준 것을 남이 알면 큰일 날 테니 여기서 얼른 먹어 버리란다. 그리고 또 하는 소리가

"너, 봄 감자가 맛있단다."

"난 감자 안 먹는다. 니나 먹어라."

나는 고개도 돌리려지 않고 일하던 손으로 그 감자를 도로 어깨너머로 쑥 밀어 버렸다.

그랬더니 그래도 가는 기색이 없고, 뿐만 아니라 쌔근쌔근하고 심상치 않게 숨소리가 점점 거칠어진다. 이건 또 뭐야 싶어서 그때서야 비로소 돌아다보니 나는 참으로 놀랐다. 우리가 이 동리에 들어온 것은 근 삼 년째 되어 오지만, 여태껏 가무잡잡한 점순이의 얼굴이 이렇게까지 홍당무처럼 새빨개진 법이 없었다. 게다가 ⓑ눈에 독을 올리고 한참 나를 요렇게 쏘아보더니 나중에는 눈물까지 어리는 것이 아니냐. 그리고 바구니를 다시 집어 들더니 이를 꼭 악물고는 엎어질 듯 자빠질 듯 논둑으로 힝하게 달아나는 것이다.

(다) 그런데 고약한 그 꼴을 하고 가더니 그 뒤로는 나를 보면 잡아먹으려고 기를 복복 쓰는 것이다.

설혹 주는 감자를 안 받아 먹은 것이 실례라 하면, 주면 그냥 주었지 "느 집엔 이거 없지?"는 다 뭐냐. 그렇잖아도 저희는 마름이고 우리는 그 손에서 배재를 얻어 땅을 부치므로 일상 굽실거린다. 우리가 이 마을에 처음 들어와 집이 없어서 곤란으로 지낼 제, 집터를 빌리고 그 위에 집을 또 짓도록 마련해 준 것도 점순네의 호의였다. 그리고 우리 어머니 아버지도 농사 때 양식이 달리면 점순네한테 가서 부지런히 꾸어다 먹으면서, 인품 그런 집은 다시 없으리라고 침이 마르도록 칭찬하곤 하는 것이다. 그러면서도 열일곱씩이나 된 것들이 수군수군하고 붙어 다니면 동리의 소문이 사납다고 주의를 시켜 준 것도 또 어머니였다. 왜냐하면 내가 점순이 하고 일을 저질렀다가는 점순네가 노할 것이고, 그러면 우리는 땅도 떨어지고 집도 내쫓기고 하지 않으면 안 되는 까닭이었다.

ⓒ그런데 이놈의 계집애가 까닭 없이 기를 복복 쓰며 나를 말려 죽이려고 드는 것이다.

(라) 나는 점순네 수탉이 노는 밭으로 가서 닭을 내려놓고 가만히 맥을 보았다. 두 닭은 여전히

얼리어 쌈을 하는데 처음에는 아무 보람이 없다. 멋지게 쪼는 바람에 우리 닭은 또 피를 흘리고 그러면서도 날갯죽지만 푸드덕 푸드덕하고 올라 뛰고 뛰고 할 뿐으로 제법 한 번 쪼아 보지도 못한다.

그러나 한번은 어쩐 일인지 용을 쓰고 펄쩍 뛰더니 발톱으로 눈을 하비고 내려오며 면두를 쪼았다. 큰 닭도 여기에는 놀랐는지 뒤로 멈씰하며 물러난다. 이 기회를 타서 우리 수탉이 또 날쌔게 덤벼들어 다시 면두를 쪼니 그제서는 감때사나운 그 대강이서도 피가 흐르지 않을 수 없었다.

옳다, 알았다. 고추장만 먹이면 되는구나 하고 나는 속으로 아주 ㉣쟁그러워 죽겠다. 그때에는 뜻밖에 내가 닭쌈을 붙여 놓는데 놀라서, 울 밖으로 내다보고 섰던 점순이도 입맛이 쓴지 눈살을 찌푸렸다.

나는 두 손으로 볼기짝을 두드리며 연방 "잘한다! 잘한다!" 하고 신이 머리끝까지 뻗치었다.

그러나 얼마 되지 않아서 나는 넋이 풀리어 기둥같이 묵묵히서 있게 되었다. 왜냐하면 큰 닭이 한 번 쪼인 앙갚음으로 호들갑스레 연거푸 쪼는 서슬에 우리 수탉은 찔끔 못 하고 막 곯는다. 이걸 보고서 이번에는 ⓓ점순이가 깔깔거리고 되도록 이쪽에서 많이 들으라고 웃는 것이다.

(마) 나는 비슬비슬 일어나며 소맷자락으로 눈을 가리고는 얼김에 엉 하고 울음을 놓았다. 그러다 점순이가 앞으로 다가와서 "그럼, 너 이담부턴 안 그럴 테냐?"

하고 물을 때에야 비로소 살 길을 찾은 듯싶었다. 나는 눈물을 우선 씻고 뭘 안 그러는지 명색도 모르건만

"그래!" 하고 무턱대고 대답하였다.

"요담부터 또 그래 봐라, 내 자꾸 못살게 굴 테니."

"그래 그래, 인젠 안 그럴 테야."

"닭 죽은 건 염려 마라. 내 안 이를 테니."

그리고 뭣에 떠다밀렸는지 나의 어깨를 짚은 채 그대로 퍽 쓰러진다. 그 바람에 나의 몸뚱이도 겹쳐서 쓰러지며 한창 피어 퍼드러진 노란 ㉤동백꽃 속으로 폭 파묻혀 버렸다.

알싸한 그리고 향긋한 그 냄새에 나는 땅이 꺼지는 듯이 온 정신이 고만 아찔하였다.

"너 말 마라." / "그래!" / 조금 있더니 요 아래서

"점순아! 점순아! 이년이 바느질을 하다 말구 어딜 갔어?" 하고 어딜 갔다 온 듯싶은 그 어머니가 역정이 대단히 났다. ⓔ점순이가 겁을 잔뜩 집어먹고 꽃 밑을 살금살금 기어서 산 아래로 내려간 다음, 나는 바위를 끼고 엉금엉금 기어서 산 위로 치빼지 않을 수 없었다.

01. ⓐ~ⓔ에 나타난 인물의 심리에 대한 설명으로 적절하지 <u>않은</u> 것은?

① ⓐ – '나'는 '점순이'가 닭싸움을 붙이는 것에 대해 화가 남.
② ⓑ – '점순이'는 '나'에게 화가 나고 무안함을 느낌.
③ ⓒ – '점순이'의 행동을 이해하지만 '나'의 마음을 몰라주는 것 같아 야속함.
④ ⓓ – '점순이'는 자기 닭이 이기자 '나'에 대해 고소해함.
⑤ ⓔ – '점순이'는 자신의 행동에 죄책감을 느낌.

02. 이 글을 읽고 나눈 대화이다. 내용을 잘못 이해하고 있는 사람은?

① 기광 – '나'는 마름의 딸 '점순이'를 좋아하는 마음을 처음부터 숨기고 있었어.
② 천둥 – '점순이'는 자기의 마음을 먼저 표현할 줄 아는 적극적인 성격이고 꽤 조숙해 보여.
③ 서현 – '점순이'는 '나'에게 호의를 거절당하자 분하고 기분 나빠 닭싸움으로 복수하게 된 거야.
④ 용화 – 여자의 심리를 잘 알아채지 못하는 '나'의 엉뚱한 행동을 보면 답답하지만 웃음이 나기
도 해.
⑤ 수영 – '점순네' 닭이 죽었을 때 소작인인 '나'는 집에서 내쫓기고 땅을 뺏기게 될까 봐 불안했을
거야.

03. 이 소설에 대한 특징을 바르게 설명한 것은?

① 작가가 현실에서 체험한 일을 상상하며 쓴 글이다.
② '나'가 '점순이'의 마음과 행동을 알고 독자들에게 설명하고 있다.
③ 1인칭 시점으로 주인공인 '나'가 관찰자의 입장에서 이야기를 전개하고 있다.
④ '현재-과거-현재'의 시간 순서로 이야기가 진행되어 구성의 단조로움을 피하고 있다.
⑤ 1930년대의 시골을 배경으로 하여 당시 사회가 갖고 있던 신분제도를 비판하고 있다.

04. ㉠~㉢에 대한 설명으로 바른 것은?

① ㉠ – '나'에 대한 '점순이'의 관심을 반어적으로 표현한 소재이다.

② ㉡ – 한창 바쁠 때에 쓸데없는 일로 남을 귀찮게 하는 행동을 말한다.

③ ㉢ – '나'와 '점순이'의 갈등을 유발하는 소재인 동시에 갈등 해소의 매개체이다.

④ ㉣ – 보기만 하여도 기분이 나빠질 정도로 징그럽다는 뜻이다.

⑤ ㉤ – 두 사람의 갈등이 최고조에 달했음을 표현하는 소재로 작품의 서정적 분위기를 형성한다.

05. (나)의 [   ] 부분을 다음과 같이 바꾸어 놓았을 때의 느낌으로 가장 적절한 것은?

> "얘! 너 혼자서 일하는 거니?"
>
> 하고, 쓸데없이 말을 거는 것이다.
>
> 어제까지만 해도 나는 점순이랑 말도 잘 안하고 인사도 잘 안하는 사이였는데, 왜 갑자기 친하게 구는 걸까? 다 큰 여자아이가 남 일하는 것을 보고 …….
>
> "그럼 여럿이 모여서 일을 해야 하니?"
>
> 하고 내가 말하니까,
>
> "너 일하는 거 좋아해?" 또는, "한여름에 하면 좋을 텐데 왜 벌써 울타리를 쳐?"
>
> 이런 말들을 하다가 남이 들을까 봐 손으로 입을 가리고 웃는다.

① 등장 인물간의 긴장감이 줄어든다.

② 등장 인물의 성격 파악이 더욱 쉬워진다.

③ 배경의 현장감과 생동감이 느껴지지 않는다.

④ 다정다감한 말투로 인물 간에 친밀감이 형성된다.

⑤ 평이하고 세련된 표현이지만 주제파악은 어려워진다.

06. 위 글을 갈등을 중심으로 정리할 때, 설명이 적절한 것은?

① 갈등의 원인 : 점순이가 시작한 닭싸움

② 두드러진 갈등 모습 : 나와 점순이의 내적 갈등

③ 갈등을 심화시킨 사건 : 점순이 집 수탉의 죽음

④ 갈등의 해소의 계기 : 점순이가 건네 준 봄 감자

⑤ 갈등 해소 분위기를 조성하는 소재 : 노란 동백꽃

7-12. 다음 글을 읽고 물음에 답하시오.

(가) 점순네 수탉(은 대강이가 크고 똑 오소리 같이 ㉠실팍하게 생긴 놈)이 ㉡덩저리 작은 우리 수탉을 함부로 해내는 것이다. 그것도 그냥 해내는 것이 아니라, 푸드덕하고 면두를 쪼고 물러섰다가 좀 사이를 두고 또 푸드덕하고 모가지를 쪼았다. 이렇게 멋을 부려가며 여지없이 닦아 놓는다. 그러면 이 못생긴 것은 쪼일 적마다 주둥이로 땅을 받으며 그 비명이 '킥, 킥' 할 뿐이다. 물론 미처 아물지도 않은 면두를 또 쪼이어 붉은 선혈은 뚝뚝 떨어진다.

이걸 가만히 내려다보자니 내 대강이가 터져서 피가 흐르는 것같이 두 눈에서 불이 번쩍 난다. 대뜸 지게막대기를 메로 ⓐ달려들어 점순네 닭을 후려칠까 하다가 생각을 고쳐먹고 헛매질로 떼어만 놓았다.

(나) 나흘 전 감자 쪼간만 하더라도 나는 저에게 조금도 잘못한 것은 없다. **(중략)** 언제 구웠는지 아직도 더운 김이 홱 끼치는 굵은 감자 세 개가 손에 뿌듯이 쥐였다.

"느 집엔 이거 없지?"

하고 생색 있는 큰소리를 하고는, 제가 준 것을 남이 알면 큰일 날 테니 여기서 얼른 먹어 버리란다. 그리고 또 하는 소리가

"너, 봄 감자가 맛있단다."

"난 감자 안 먹는다, 니나 먹어라."

나는 고개도 돌리려고 않고 일하던 손으로 그 감자를 도로 어깨너머로 쑥 밀어 버렸다.

그랬더니 그래도 가는 기색이 없고, 뿐만 아니라 쌔근쌔근하고 심상치 않게 숨소리가 점점 거칠어진다. 이건 또 뭐야 싶어서 그때서야 비로소 돌아보니 나는 참으로 놀랐다. 우리가 이 동리에 들어온 것은 근 삼 년째 되어 오지만, 여태껏 가무잡잡한 점순이의 얼굴이 이렇게까지 홍당무처럼 새빨개진 법이 없었다.

(다) 설혹 주는 감자를 안 받아 먹은 것이 실례라 하면, 주면 그냥 주었지 "느 집엔 이거 없지?"

는 다 뭐냐. 그렇잖아도 저희는 마름이고 우리는 그 손에서 배재를 얻어 땅을 부치므로 일상 굽실 거린다. 우리가 이 마을에 처음 들어와 집이 없어서 곤란으로 지낼 제, 집터를 빌리고 그 위에 집을 또 짓도록 마련해 준 것도 점순네의 호의였다. 그리고 우리 어머니 아버지도 농사 때 양식이 달리면 점순네한테 가서 부지런히 꾸어다 먹으면서, 인품 그런 집은 다시 없으리라고 침이 마르도록 칭찬하 곤 하는 것이다. 그러면서도 열일곱씩이나 된 것들이 수군수군하고 붙어 다니면 동리의 소문이 사 납다고 주의를 시켜 준 것도 또 어머니였다. 왜냐하면 내가 점순이하고 일을 저질렀다가는 점순 네가 노할 것이고, 그러면 우리는 땅도 떨어지고 집도 내쫓기고 하지 않으면 안 되는 까닭이었다.

그런데 이놈의 계집애가 까닭 없이 기를 복복 쓰며 나를 말려 죽이려고 드는 것이다.

(라) 가까이 와 보니, 과연 나의 짐작대로 우리 수탉이 피를 흘리고 거의 ⓒ빈사지경에 이르렀다. 닭도 닭이려니와 그러함에도 불구하고 눈 하나 고대로 앉아서 호드기만 부는 그 꼴에 더욱 치가 떨린다. 동네에서도 소문이 났거니와 나도 한때는 ⓔ걱실걱실히 일 잘하고 얼굴 예쁜 계집애인줄 알 았더니, 시방 보니까 그 눈깔이 꼭 여우 새끼 같다.

나는 대뜸 달려들어서 나도 모르는 사이에 큰 수탉을 단매로 때려 엎었다. 닭은 푹 엎어진 채 다 리 하나 꼼짝 못하고 그대로 죽어 버렸다. 그리고 나는 멍하니 섰다가 점순이가 매섭게 눈을 홉뜨 고 닥치는 바람에 뒤로 벌렁 나자빠졌다.

"이놈아! 너 왜 남의 닭을 때려죽이니?" / "그럼 어때?"

하고 일어나다가 / "뭐, 이 자식아! 누 집 닭인데?" / 하고 복장을 떼미는 바람에 다시 벌렁 자빠 졌다. 그러고 나서 가만히 생각하니 분하기도 하고 무안도스럽고, 또 한편 일을 저질렀으니 인젠 땅 이 떨어지고 집도 내쫓기고 해야 될른지도 모른다.

(마) 나는 비슬비슬 일어나며 소맷자락으로 눈을 가리고는 얼김에 엉 하고 울음을 놓았다. 그러 다 점순이가 앞으로 다가와서

ⓑ"그럼, 너 이담부턴 안 그럴 테냐?"

하고 물을 때에야 비로소 살 길을 찾은 듯싶었다. 나는 눈물을 우선 씻고 뭘 안 그러는지 명색 도 모르건만

"그래!" // 하고 무턱대고 대답하였다.

"요담부터 또 그래 봐라, 내 자꾸 못살게 굴 테니."

"그래 그래, 인젠 안 그럴 테야."

"닭 죽은 건 염려마라. 내 안 이를 테니."

그리고 뒷에 떠다밀렸는지 나의 어깨를 짚은 채 그대로 퍽 쓰러진다. 그 바람에 나의 몸뚱이도 겹쳐서 쓰러지며 한창 피어 퍼드러진 노란 동백꽃 속으로 폭 파묻혀 버렸다.

ⓜ알싸한 그리고 향긋한 그 냄새에 나는 땅이 꺼지는 듯이 온 정신이 고만 아찔하였다.

07. 위 글의 분위기를 형성하는 요소에 대한 설명으로 적절하지 <u>않은</u> 것은?

① 비속어를 사용하여 현장의 분위기가 생생하게 느껴진다.

② 산골 마을을 배경으로 하여 향토적인 분위기를 형성한다.

③ 노란 동백꽃은 '나'와 점순이의 갈등을 고조시켜 긴장감을 조성한다.

④ 뭘 그래야 하는지도 모르고 점순이의 말을 따르는 '나'의 모습에서 순박함이 느껴진다.

⑤ 어수룩한 '나'가 점순이의 마음을 눈치채지 못하고 엉뚱하게 반응함으로써 웃음을 자아낸다.

08. (가)에서 '나'가 ⓐ와 같이 행동한 가장 큰 이유는?

① 점순이와 사이가 더 나빠지지 않기 위해서

② 아무리 점순이가 미워도 차마 닭을 죽일 수는 없어서

③ 점순이의 미움을 사 우리 닭이 더 괴롭힘을 당할까봐

④ 점순이네에게 미움을 사 땅과 집을 빼앗길까 두려워서

⑤ 마음 속으로는 점순이를 좋게 생각하고 있었기 때문에

09. ㉠~㉤의 뜻으로 알맞지 <u>않은</u> 것은?

① ㉠ - 몹시 억세고 사나운   ② ㉡ - '몸집'을 낮잡아 이르는 말

③ ㉢ - 거의 죽을 지경   ④ ㉣ - 성질이 너그러워 말과 행동이 시원시원하게

⑤ ㉤ - 혀끝이나 콧속이 알알한

10. (나)의 밑줄 친 부분에 대한 설명으로 가장 적절한 것은?

① 자기를 과시하면서 상대방을 은근히 조롱한다.

② 상대방의 자존심을 건드려 자신의 원망을 표현한다.

③ 간접적인 표현을 통해 자신의 민망함을 감추고 있다.

④ 논리적으로 상대방의 어수룩한 태도를 비판하고 있다.

⑤ 상대방 마음에 드는 말을 써서 자신의 관심을 표현하고 있다.

11. 위 글에 나타난 인물의 성격에 대해 <u>잘못</u> 파악한 것은?

① 감자 쪼간을 통해 볼 때 '점순이'는 조숙함을 보여주는 인물이다.

② '점순이'는 야무지고 당돌한 면도 있으면서 괄괄한 인물이다.

③ '점순이'를 이해 못하고 감자를 거절한 '나'는 무뚝뚝하고 어수룩한 인물이다.

④ '나'에게 구애를 하기 위해 반어적인 행동을 하는 '점순이'는 적극적인 인물이다.

⑤ '점순이'는 '나'와 '엄마'에게 대하는 태도가 다른 것으로 보아 이중적인 성격의 인물이다.

12. 위 글의 내용을 참고하여 ㉮와 ㉯를 <조건>에 맞게 쓰시오.

──────〈 보기 〉──────

눈치 없고 모자라는 내가 점순이의 은근한 사랑의 표현과 구애의 동작을 읽지 못하기 때문에 나와 점순이 사이에는 해학적인 싸움이 벌어진다. (㉮)은 나에 대한 점순이의 애정 표시이고 나의 관심을 끌기 위한 수단이었는데 내가 그것을 깨닫지 못함으로 해서 두 사람 사이에 갈등이 빚어지고, 또 그 갈등 양상은 해학적이 된다. 그러나 갈등의 원인은 나의 눈치 없는 우둔에만 있는 것은 아니다. 그 요인은 ㉯마름의 딸인 점순이와 소작인의 아들인 내가 서로 계층이 다르다는 데도 있다.

──────〈 조건 〉──────

㉮ : 괄호 속에 들어갈 문장을 쓰되, (가)~(마)에서 나타난 사건 두 가지를 밝히고, '~것'이라는 형태로 쓸 것.

㉯ : 밑줄 친 부분을 짐작할 수 있게 하는 글의 기호를 (가)~(마)중에서 고를 것.

🚗 개념 정리 ..

03 :: 갈등

1. 갈등

인물이 사건을 겪으며 갖게 되는 대립적인 심리상태

- 갈등은 작가가 작품을 통해 전달하려는 주제와 밀접한 관련이 있음
- 갈등은 인물 사이의 대립, 인물 내면의 대립적 심리 상태 등으로 나타남
- 갈등을 통해 인물의 성격이 뚜렷이 제시되고, 사건이 진행됨
- 갈등은 주제를 드러내고 독자의 흥미를 이끌어 냄

1) (   ) 갈등

- 한 인물의 내면에서 일어나는 대립적 심리상태
- 인물의 마음 속에서 일어나는 갈등임

  예) 이은성의 '소설 동의보감'에서 허준이 병자를 치료할 것인가, 과거를 보러 떠날 것인가를 놓고 겪는 갈등

2) (   ) 갈등

- 인물과 주면을 둘러싸고 있는 외부적 요인으로 인해 발생하는 갈등
- 인물과 또 다른 인물, 인물과 사회적 상황, 인물과 운명, 인물과 자연환경 등과의 사이에서 갈등이 발생함

① 인물 ⇔ (   )

인물 사이의 성격, 가치관, 욕구, 이해관계 등의 대립으로 일어나는 갈등

예) <춘향전>에서의 춘향과 변사또 사이의 갈등

② 인물 ⇔ (   )

인물이 사회적 배경 속에서 제도나 윤리, 경제, 이념 등의 문제로 겪게 되는 갈등

예) <홍길동전>에서 홍길동이 적서차별의 사회제도에 부딪쳐 생기는 갈등

③ 인물 ⇔ (   )

인물이 타고난 운명에 저항하는 과정에서 겪게 되는 갈등

예) 김동리의 <역마>에서 주인공 성기가 역마살이라는 타고난 운명 때문에 겪는 갈등

④ 인물 ⇔ (   )

인물이 자연재해를 겪거나 자연에 도전하면서 겪는 갈등

예) 헤밍웨이의 <노인과 바다>에서 노인과 자연의 갈등

2. 구성

소설의 인물, 배경, 사건 등을 일정한 의도에 따라 짜임새 있게 배열한 것.

○ 소설의 구성 단계

( )	인물과 배경을 제시하고 사건의 실마리를 드러내는 단계
( )	사건이 진행되기 시작하고 갈등이 일어나는 단계
( )	새로운 사태가 발생하면서 갈등이 깊어지는 단계

02 소설 이해하기

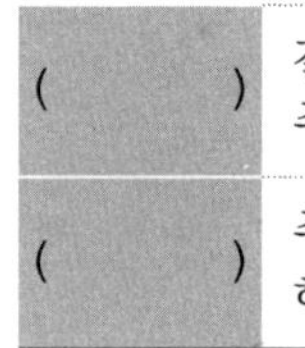

| ( ) | 갈등과 긴장이 최고조에 이르면서 주제가 선명하게 드러나는 단계 |
| ( ) | 주인공의 운명이 결정되고, 갈등이 해소되는 단계 |

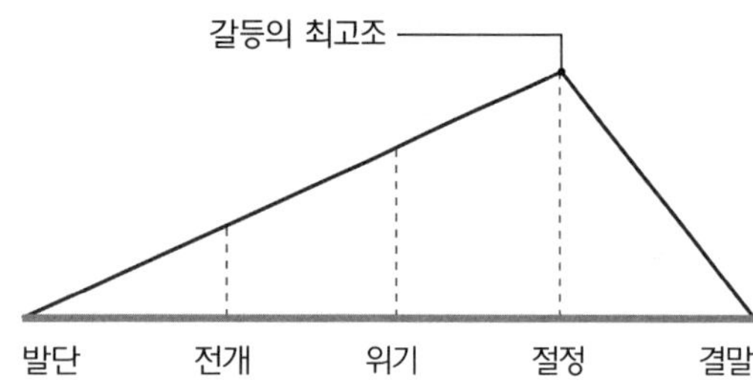

04 :: 소재와 배경

1. 소재와 배경이란

| 소재 | 작품 속에서 작가가 의도적으로 사용하는 글의 재료 |
| 배경 | 인물이 행동하고 사건이 일어나는 시대적·사회적 환경이나 장소 |

인물이 사건을 겪으며 갖게 되는 대립적인 심리상태

- 갈등은 작가가 작품을 통해 전달하려는 주제와 밀접한 관련이 있음
- 갈등은 인물 사이의 대립, 인물 내면의 대립적 심리 상태 등으로 나타남
- 갈등을 통해 인물의 성격이 뚜렷이 제시되고, 사건이 진행됨
- 갈등은 주제를 드러내고 독자의 흥미를 이끌어 냄

2. 소재의 기능

① 인물간의 갈등을 일으키거나 해소하는데 기여함

② 인물의 심리를 드러내기도 하고, 인물이 처한 상황이나 시대상을 드러냄

3. 배경의 역할

① 작품의 전반적인 분위기를 형성하고, 주제를 뚜렷이 드러내는데 기여한다.

② 인물과 사건에 사실성과 신뢰감을 부여하고, 인물의 심리나 미래의 사건을 암시한다.

③ 인물의 의식과 성격, 태도 형성에 영향을 미친다.

4. 배경의 종류

① ( ) 배경 : 사건이 발생하고 인물이 행동하는 시간이나 시대

② ( ) 배경 : 사건이 발생하고 인물이 행동하는 공간적 환경, 자연환경, 생활환경

③ ( ) 배경 : 사건이 발생하고 인물이 행동하는 특정한 시대, 사회, 사회적 환경

3. 배경의 역할

① 소설에 사실성과 신빙성을 부여한다.

② 인물의 성격과 태도를 결정짓는다.

③ 인물의 심리를 드러내고, 소설의 분위기를 조성한다.

④ 소설의 주제를 간접적으로 드러낸다.

갈등의 유형을 적어보고, 소설 속에서 왜 그러한 갈등을 겪고 있는지 적어보자.

허준은 마음 속으로 '사흘 반 사흘반' 하고 되뇌고 있었다.

고칠 수 있고 업소는 둘째 문제다. 병이 들었음에도, 그리고 그 병을 다스릴 수 있는 약재가 산비탈과 들판에 질펀히 널려 있는데도 그게 약인지도 몰라 생으로 앓고 있는 사람들, 허준의 눈이 그 사람들의 숫자를 세고 있었다. 삼십여 명이 넘는 숫자였고, 약초나 일러 주는 일 외에 일일이 매만지고 지켜봐야 할 중증에 속하는 병자가 6,7명. 그 참담한 눈망울들을 도저히 뿌리치고 갈 순 없다 싶었다.

그러나 사흘 반 앞으로 다가온 과거 날짜에 이백 육십리의 갈 길이 남아 있는 것이다. '뿌리치고 가야해….'

01. 허준이 갈등을 겪고 있는 이유는 무엇인가

02. 갈등의 유형은?

"나 다우."

하고 으레 줄 것으로 알고 손을 내미는데 바우는 그 손을 툭 쳐 버리고 몸을 돌린다.

"넌 무슨 까닭으로 어린애들을 몰고 다니며 앰한 나비를 못살게 하는 거냐?" "뭐?" 하고 경환이는 뜻하지 않은 말에 잠시 멍하니 바라보고는,

"누가 장난으로 잡는 거냐. 학교서 숙제를 냈어. 동물 표본을 만들어 오라구."

"장난 아니믄, 벌써 너 나비 잡기 시작한 지가 며칠이냐. 그 동안에 못 잡아도 백 마리는 잡았겠구나. 거 다 동물 표본 만들고도 모자라서 또 잡는 거냐?"

"모두 못 쓰게 잡았으니까 그렇지. 날개가 상하구." 하다가는 경환이는 변색을 하고 한 발자국 다가서며,

"넌 남이 나빌 잡건 말건 무슨 상관이냐, 건방지게."

"나두 상관할 만해서 그런다."

"무슨 상관야."

> "너 때문으로 해서 담부턴 나비 구경을 못 하게 되겠으니까 허는 말이다." 하고 바우는 경환이 얼굴을 마주 노리다가,
>
> "니가 동물 표본을 만들기에 나비가 필요하다면 난 그림 그리는 데 필요한 나비야. 너만 위해서 생긴 나비는 아니지."

01. 바우가 경환이와 갈등을 겪는 이유는 무엇인가?

02. 바우와 경환이가 나비를 잡으려고 하는 각각의 이유는 무엇인가?

03. 갈등의 유형은?

IIIII 작품으로 개념 확인 | 채만식, 「레디메이드의 인생」

인테리……인테리 중에도 아무런 손끝의 기술이 없이 대학이나 전문학교의 졸업증서 한 장을 또는 조그마한 보통 상식을 가진 직업 없는 인테리……해마다 천여명씩 늘어가는 인테리……

부르죠아지의 모든 기관이 포화상태가 되어 더 수효가 아니 느니 그들은 결국 꾀임을 받아 나무에 올라갔다가 흔들리우는 셈이다. 개밥의 도토리다.

인테리가 아니었으면 차라리…… 노동자가 되었을 것인데 인테리인지라 그 속에는 들어갔다가도 도로 달아나오는 것이 99프로다. 그 나머지는 모두 어깨가 축 처진 무직 인테리요 무기력한 문화 예비군 속에서 푸른 한숨만 쉬는 초상집의 주인 없는 개들이다. 레디메이드 인생이다. 〈중략〉

월급도 일없고 다만 일만 가르쳐주면 그만이니 어린아이 하나를 써달라고 졸라댔다.

"아홉살?" A는 놀래어 반문을 하는 것이다.

"기왕 일을 배울 테면 아주 어려서부터 배워야지요."

"그래도 너무 어려서 원, 뉘 집 애요?"

"내 자식놈이랍니다."

P는 그래도 약간 얼굴이 붉어짐을 깨달았다. A는 이 말에 가장 놀라운 듯이 입만 벌리고 한참이나 P를 물끄러미 바라다본다.

"왜? 내 자식이라고 공장에 못 보내란 법 있답디까?"

"아니 정말 그래요?" / "정말 아니고?"

"괴―니 실없는 소리…… 자제라고 해야 들어줄 테니까 그러시지?"

"아니 그건 그렇잖어요. 내 자식놈야."

"그럼 왜 공부를 시키잖구?"

"인쇄소 일 배우는 것도 공부지."

"그건 그렇지만 학교에 보내야지."

"학교에 보낼 처지가 못되고 또 보낸댔자 사람구실도 못할 테니까……."

"거 참 모를 일이요. 우리 같은 놈은 이짓을 해가면서도 자식을 공부시키느라고 애를 쓰는데 되려 공부시킬 줄 아는 양반이 보통학교도 아니 마친 자제를 공장엘 보내요?"

"내가 학교 공부를 해본 나머지 그게 못 쓰겠으니까 자식은 딴공부 시키겠다는 것이지요."

01. p가 아들은 인쇄소에 보내는 이유는 무엇인가?

02. '레디메이드'의 의미는 무엇인가?

03. 갈등의 유형은?

||||| 작품으로 개념 확인 | 김동리, 「역마」

"오빠, 편시 사시오."

하고 거의 울음이 다 된 마지막 목소리를 나기고 돌아선 계연의 저만치 가고 있는 항라 적삼을 고운 햇빛과 늘어진 버들 가지와 산울림처럼 울려 오는 뻐꾸기 울음 속에 성기는 우두커니 지켜보고 있을 뿐이었다. 〈중략〉

그해 아직 봄이 오기 전, 보는 사람마다 성기의 회춘을 거의 다 단념하곤 하였을 때, 옥화는 이왕 죽고 말 것이라면, 어미의 맘속이나 알고 가라고 그래, 그 체장수 영감은, 서른 엿서 해 전 남사당을 꾸며 와 이「화개장터」에 하룻밤을 놀고 갔다는 자기의 아버지임에 틀림이 없었다는 것과, 계연은 그 왼쪽 귓바퀴 위의 사마귀로 보아 자기의 동생임이 분명하더라는 것을, 동정하노라면서, 자기의 왼쪽 귓바퀴 위의 같은 검정 사마귀까지를 그에게 보여 주었다.

"나도 처음부터 영감이 「서른 여섯 해 전」이라고 했을 때 가슴이 섬짓하긴 했다. 그렇지만 설마 했지, " 〈중략〉

그의 발 앞에는, 물과 함께 갈리어 길도 세 갈래로 나 있었으나, 화갯골 쪽엔 처음부터 등을 지고 있었고, 동남으로 난길은 하동, 서남으로 난 길이 구례, 작년 이맘 때도 지나 그려가 울음 섞인 하직을 남기고 체장수 영감과 함께 넘어간 산모퉁이 고갯질은 퍼붓는 햇빛 속에 지금도 하동 장터

> 위를 굽이돌아 구례 쪽을 향했으나, 성기는 한참 뒤 몸을 돌렸다. 그리하여 그의 발은 구례 쪽
> 을 등지고 해동 쪽을 향해 천천히 옮겨졌다.
>
> 한 걸음, 한 걸음, 이 발을 옮겨 놓을수록 그의 마음은 한결 가벼워지어. 멀리 버드나무 사이에
> 서 그의 뒷 모양을 바라보고서 있을 어머니의 주막이 그의 시야에서 완전히 사라져 갈무렵 하여서
> 는, 육자배기 가락으로 제법 콧노래까지 흥얼거리며 가고 있는 것이었다.

01. 성기가 갈등을 겪고 있는 이유는 무엇인가?

02. 갈등의 유형은?

♛ 배경의 유형을 적어보자.

||||| 작품으로 개념 확인 | 이효석, 「메밀꽃 필 무렵」

> 대화까지는 팔십리의 밤길, 고개를 둘이나 넘고 개울을 하나 건너고 벌판과 산길을 걸어야 된다.
> 길은 지금 긴 산허리에 걸려 있다. 밤중을 지난 무렵인지 죽은듯이 고요한 속에서 짐승 같은 달의 숨
> 소리가 손에 잡힐 듯이 들리며, 콩포기와 옥수수 잎새가 한층 달에 푸르게 젖었다. 산허리는 온통
> 메밀밭이어서 피기 시작한 꽃이 소금을 뿌린 듯이 흐뭇한 달빛에 숨이 막힐 지경이다. 붉은 대궁이
> 향기같이 애잔하고 나귀들의 걸음도 시원하다. 길이 좁은 까닭에 세 사람은 나귀를 타고 외줄로 늘
> 어섰다. 방울소리가 시원스럽게 딸랑딸랑 메밀밭게로 흘러간다. 앞장 선 허생원의 이야기소리는 꽁
> 무니에 선 동이에게는 확적히는 안 들렸으나, 그는 그대로 개운한 제멋에 적적하지는 않았다.

01. 이 소설의 배경은?

02. 배경의 유형은?

||||| 작품으로 개념 확인 | 조세희, 「난장이가 쏘아 올린 작은 공」

> 천국에 사는 사람들은 지옥을 생각할 필요가 없다. 그러나 우리 다섯 식구는 지옥에 살면서 천
> 국을 생각 했다. 단 하루라도 천국을 생각해 보지 않은 날이 없다. 하루하루의 생활이 지겨웠기 때

 문이다. 우리의 생활은 전쟁과 같았다. 우리는 그 전쟁에서 날마다 지기만 했다. 그런데도 어머니는 모든 것을 잘 참았다. 그러나 그 날 아침 일만은 참기 어려웠던 것 같다.

 "통장이 이걸 가져왔어요."

 내가 말했다. 어머니는 조각마루 끝에 앉아 아침 식사를 하고 있었다.

 "그게 뭐냐?"

 "철거 계고장예요."

 "기어코 왔구나!"

 어머니가 말했다.

 "그러니까 집을 헐라는 거지? 우리가 꼭 받아야 할 것 중의 하나가 이제 나온 셈이구나!"

 어머니는 식사를 중단했다. 나는 어머니의 밥상을 내려다 보았다. 보리밥에 까만 된장, 그리고 시든 고추 두어 개와 조린 감자.

 나는 어머니를 위해 철거 계고장을 천천히 읽었다. **〈중략〉**

 어머니는 조각마루 끝에 앉아 말이 없었다.

 벽돌 공장의 높은 굴뚝 그림자가 시멘트 담에 꺾어지며 좁은 마당을 덮었다.

01. 이 소설의 배경은?

02. 배경의 유형은?

👑 진수를 마중 나가는 아버지의 심정은 어떠하겠는가?

👑 만도의 왼쪽 팔은 왜 늘 조끼 주머니 속에 꽂혀 있을까?

<어휘정리>

*전사 (戰싸울_전, 死죽을_사) : 전쟁에서 목숨을 잃음.

*기적 (汽김_기, 笛피리_적) : 기관에 붙어서 증기를 내뿜어 그 힘으로 소리를 내게 하는 신호 장치, 또는 소리.

*오정 (午낮_오, 正바를_정) : 정오(正午). 태양이 표준 자오선을 지나는 낮 12시.

*대고 : 계속하여 자꾸.

*노상 : 언제나 변함없이 한 모양으로 줄곧.

<발단> 진수(鎭守)가 돌아온다. 진수가 살아서 돌아온다. 아무개는 **전사***했다는 통지가 왔고, 아무개 아무개는 죽었는지 살았는지 통 소식도 없는데, 우리 진수는 살아서 오늘 돌아오는 것이다. 생각할수록 어깻바람이 날 일이었다. 그래 그런지 몰라도 박만도(朴萬道)는 여느 때 같으면 아무래도 한두 군데 앉아 쉬어야 넘어설 수 있는 용머리재를 단숨에 올라채고 말았다. 가슴이 펄럭거리고 허벅지가 뻐근했다. 그러나 그는 고갯마루에서도 쉴 생각을 하지 않았다. 들 건너 멀리 바라보이는 정거장에서 연기가 물씬물씬 피어오르며 삐익 **기적*** 소리가 들려왔기 때문이다. 아들이타고 내려올 기차는 점심때가 가까워야 도착한다는 것을 모르는 바 아니었다. 해가 이제 겨우 산등성이 위로 한 뼘가량 떠올랐으니 **오정***이 되려면 아직 차례 멀었다. 그러나 그는 공연히 마음이 바빴다. 까짓것, 잠시 앉아 쉬면 뭘 할 끼고.

만도는 손가락으로 한쪽 콧구멍을 찍 누르면서 팽! 마른 코를 풀어 던졌다. 그리고 휘청휘청 고갯길을 내려간다.

내리막은 오르막에 비하면 아무것도 아니었다. **대고*** 팔을 흔들라 치면 절로 굴러 내려가는 것이다. 만도는 오른쪽 팔만을 앞뒤로 흔들고 있었다. 왼쪽 팔은 조끼 주머니에 아무렇게나 쑤셔 넣고 있는 것이다. 삼대독자가 죽다니 말이 되나, 살아서 돌아와야 일이 옳고말고. 그런데 병원에서 나온다 하니 어디를 좀 다치기는 다친 모양이지만, 설마 나같이 이렇게야 되지 않았겠지. 만도는 왼쪽 조끼 주머니에 꽂힌 소맷자락을 내려다보았다. 그 소맷자락 속에는 아무것도 든 것이 없었다. 그저 소맷자락만이 어깨 밑으로 덜렁 처져 있는 것이다. 그래서 **노상*** 그쪽은 조끼 주머니 속에 꽂혀 있는 것이다. 볼기짝이나 장딴지 같은 데를 총알이 약간 스쳐 갔을 따름이겠지. 나처럼 팔뚝 하나가 몽땅 달아날 지경이었다면 엄살스런 놈이 견뎌 냈을 턱이 없고말고. 슬며시 걱정이 되기도 하는 듯, 그는 속으로 이런 소리를 주워섬겼다.

내리막길은 빨랐다. 벌써 고갯마루가 저만큼 높이 쳐다보였다. 산모퉁이를 돌아서면 이제 들판이다.

내리막길을 쏘아 내려온 기운 그대로, 만도는 들길을 잰걸음 쳐 나가다가 개천 둑에 이르러서야 걸음을 멈추었다. 외나무다리가 놓여 있는 조그마한 시냇물이었다. 한여름 장마철에 들어설라치면 배꼽이 묻히는 수도 있었지마는, 요즈음엔 무릎이 잠길 듯 말 듯한 물이었다. 가을이 깊어지면서부터 물은 밑바닥이 환히 들여다보일 만큼 맑아져 갔다. 소리도 없이 미끄러져 내려가는 물을 가만히 내려다보고 있으면 절로 이가 시려 온다. 만도는 물기슭에 내려가서 쭈그리고 앉아 한 손으로 **고의춤***을 풀어헤쳤다. 오줌을 찌익 갈기는 것이다. 거울 면처럼 맑은 물 위에 오줌이 가서 부글부글 끓어오르며 뿌우연 거품을 이루니 여기저기서 물고기 떼가 모여든다. 제법 엄지손가락만씩한 **피리***도 여러 마리다. 한 바가지 잡아서 회 쳐놓고 한잔 쭈욱 들이켰으면……. 군침이 목구멍에서 꿀꺽했다. 고기 떼를 향해서 마른 코를 팽팽 풀어 던지고, 그는 외나무다리를 조심히 디뎠다. 길이가 얼마 되지 않는 다리였으나, 아래로 물을 내려다보면 제법 아찔했다. 그는 이 외나무다리를 퍽 조심했다.

언젠가 한번 읍에서 술이 꽤 되어 가지고 흥청거리며 돌아오다가 물에 굴러떨어진 일이 있었던 것이다. 지나치는 사람이 없었기에 망정이지 누가 보았더라면 큰 웃음거리가 될 뻔했었다. 발목 하나를 약간 접쳤을 뿐, 크게 다친 데는 없었다. 이른 가을철이었기 때문에 옷을 벗어 둑에 널어 놓고 말릴 수는 있었으나, 여간 창피스러운 것이 아니었다. 옷이 말짱 젖었다거나 옷이 마를 때까지 발가벗고 기다려야 한다거나 해서가 아니었다. 팔뚝 하나가 몽땅 잘려 나간 흉측한 몸뚱어리를 하늘 앞에 드러내 놓고 있어야 했기 때문이었다. 지나치는 사람이 있을라치면 하는 수 없이 물속으로 뛰어들어 가서 얼굴만 내놓고 앉아 있었다. 물이 선뜩해서 아래턱이 덜덜거렸으나, 오그라 붙는 사타구니께를 한 손으로 꽉 움켜쥐고 버티는 수밖에 없었다.

"흐흐흐……."

그때 일을 생각하면 지금도 곧 웃음이 터져 나온다. 하늘로 쳐들린 콧구멍이 연방 벌름거렸다.

개천을 건너서 논두렁길을 한참 부지런히 걸어가노라면 읍으로 들어가는 한길이 나선다. 도로변에 먼지를 부옇게 덮어쓰고 도사리고 앉아 있는

만도가 외나무다리를 퍽 조심한 까닭은 무엇인가?

<어휘정리>

***고의춤** : 고의나 바지의 허리를 접어서 여민 사이.

***피리** : '송사리'의 사투리.

초가집은 주막이다. 만도가 읍에 나올 때마다 꼭 한 번씩 들르곤 하는 단골집인 것이다. 이 집 눈썹이 짙은 여편네와는 예사로 농을 주고받는 사이다.

술방 문턱을 넘어서며 만도가,

"서방님 들어가신다."

하면 여편네는,

"아이 문둥아, 어서 오느라."

하는 것이 인사처럼 되어 있었다. 만도는 여간 언짢은 일이 있어도 이 여편네의 궁둥이 곁에 가서 앉으면 속이 저절로 쑥 내려가는 것이었다.

주막 앞을 지나치면서 만도는 술방 문을 열어 볼까 했으나, 방문 앞에 신이 여러 켤레 널려 있고, 방 안에서 웃음소리가 요란하기 때문에 돌아오는 길에 들르기로 하였다.

신작로에 나서면 금세 읍이었다. 만도는 읍 들머리에서 잠시 망설이다가, 정거장 쪽과는 반대되는 방향으로 걸음을 옮겼다. 장거리를 찾아가는 것이었다. 진수가 돌아오는데 고등어나 한 손 사가지고 가야 될 게 아닌가 싶어서였다. 장날은 아니었으나, 고깃전에는 없는 고기가 없었다. 이것을 살까 하면 저것이 좋아 보이고, 그것을 사러 가면 또 그 옆의 것이 먹음직해 보였다. 한참 이리저리 서성거리다가 결국은 고등어 한 손이었다. 그것을 달랑달랑 들고 정거장을 향해 가는데, 겨드랑 밑이 간질간질해 왔다. 그러나 한쪽밖에 없는 손에 고등어를 들었으니 참 딱했다. 어깻죽지를 연방 위아래로 움직거리는 수밖에 없었다.

정거장 대합실에 들어선 만도는 먼저 벽에 걸린 시계부터 바라보았다. 두 시 이십 분이었다. 벌써 두 시 이십 분이라니 내가 잘못 보나……. 아무리 두 눈을 씻고 보아도 시계는 틀림없는 두 시 이십 분인 것이었다. 한쪽 걸상에 가서 궁둥이를 붙이면서도 곧장 미심쩍어 했다. 두 시 이십 분이라니, 그럼 벌써 점심때가 지났단 말인가. 말도 아닌 것이다. 자세히 보니 시계는 유리가 깨어졌고, 먼지가 꺼멓게 앉아 있었다. 그러면 그렇지, 엉터리였다. 벌써 그렇게 되었을 리가 없는 것이다.

"여보이소, 지금 몇 싱교?"

맞은편에 앉은 양복쟁이한테 물어보았다.

"열 시 사십 분이오."

"예, 그렇교."

만도는 고개를 굽실하고는 두 눈을 연방 껌벅거렸다. 열 시 사십 분이라, 보자……. 그러면 아직도 한 시간이나 남았구나. 그는 이제 안심이 되는 듯 후유 숨을 내쉬었다. **궐련***을 한 개 빼물고 불을 댕겼다.

<전개> 정거장 대합실에 와서 이렇게 도사리고 앉아 있노라면, 만도는 곧잘 생각하는 일이 한 가지 있었다. 그 일이 머리에 떠오르면 **등골***을 찬 기운이 좍 스쳐 내려가는 것이었다. 손가락이 시퍼렇게 굳어진, 이끼 낀 나무토막 같은 팔뚝이 지금도 저만큼 눈앞에 보이는 듯했다.

바로 이 정거장 마당에 백 명 남짓한 사람들이 모여 웅성거리고 있었다. 그중에는 만도도 섞여 있었다. 기차를 기다리고 있는 것이었으나, 그들은 모두 자기네들이 어디로 가는 것인지 알지를 못했다. 그저 차를 타라면 탈 사람들이었다. **징용***에 끌려 나가는 사람들이었다. 그러니까 지금으로부터 십삼사 년 옛날의 이야기인 것이다. *

북해도 탄광으로 갈 것이라는 사람도 있었고, 틀림없이 남양 군도로 간다는 사람도 있었다. 더러는 만주로 가면 좋겠다고 하기도 했다. 만도는 북해도가 아니면 남양 군도일 것이고, 거기도 아니면 만주겠지, 설마 저희들이 하늘 밖으로야 끌고 가겠느냐고, 아무렇지도 않은 듯이 그 들창코로 담배 연기를 푹푹 내뿜고 있었다. 그러나 마음이 좀 덜 좋은 것은 마누라가 저쪽 변소 모퉁이 벚나무 밑에 우두커니 서서 한눈도 안 팔고 이쪽만을 바라보고 있는 때문이었다. 그래서 그는 주머니 속에 성냥을 두고도 옆 사람에게 불을 빌리자고 하며 슬며시 돌아서서 버리곤 했다.

플랫폼으로 나가면서 뒤를 돌아보니, 마누라는 울 밖에 서서 수건으로 코를 눌러 대고 있는 것이었다. 만도는 코허리가 찡했다. 기차가 꽥꽥 소리를 지르면서 덜커덩! 하고 움직이기 시작했을 때는 정말 덜 좋았다. 눈앞이 뿌우옇게 흐려지는 것을 어쩌지 못했다. 그러나 정거장이 까맣게 멀어져 가고, 차창 밖으로 새로운 풍경이 획획 날아들자, 그제야 아무렇지도 않아지는 것이었다. 오히려 기분이 유쾌해지는 것 같기도 했다.

기차가 움직이기 시작했을 때와 정거장이 멀어져 갔을 때 만도의 심정은 어떻게 변했는가?

<어휘정리>

***궐련** : 얇은 종이로 가늘고 길게 말아 놓은 담배.

***등골** : 등 한가운데로 길게 고랑이 진 곳.

***징용** : 전시·사변과 같은 비상사태에, 국가의 권력으로 국민을 강제적으로 일정한 업무에 종사시키는 일.

바다를 본 것도 처음이었고, 그처럼 큰 배에 몸을 실어 본 것은 더구나 처음이었다. 배 밑창에 엎드려서 꽥꽥 게워 내는 사람들이 많았으나, 만도는 그저 골이 좀 띵했을 뿐 아무렇지도 않았다. 더러는 하루에 두 개씩 주는 뭉칫밥을 남기기도 했으나, 그는 한꺼번에 하루 것을 뚝딱해도 시원찮았다.

모두들 내릴 준비를 하라는 명령이 떨어진 것은 사흘째 되는 날 황혼 때였다. 제각기 **봇짐***을 챙기기에 바빴다. 만도는 호박 덩이만 한 보따리를 옆구리에 덜렁 찼다. 갑판 위에 올라가 보니 하늘은 활활 타오르고 있고, 바닷물은 불에 녹은 쇠처럼 벌겋게 출렁거리고 있었다. 지금 막 태양이 물 위로 뚝 떨어져 가는 중이었다. 햇덩어리가 어쩌면 그렇게 크고 붉은지 정말 처음이었다. 그리고 바다 위에 주황빛으로 번쩍거리는 커다란 산이 둥둥 떠 있는 것이었다. 무시무시하도록 황홀한 광경에 모두들 딱 벌어진 입을 다물 줄 몰랐다. 만도는 어깨마루를 버쩍 들어 올리면서 히야, 고함을 질러 댔다. 그러나 섬에서 그들을 기다리고 있는 것은 숨 막히는 더위와 강제 노동과 그리고 잠자리만씩이나 한 모기떼……. 그런 것뿐이었다.

섬에다가 비행장을 닦는 것이었다. 모기에게 물려 혹이 된 자리를 벅벅 긁으며 비 오듯 쏟아지는 땀을 무릅쓰고 아침부터 해가 떨어질 때까지 산을 허물어 내고, 흙을 나르고 하기란 고향에서 농사일에 **뼈**가 굳어진 몸에도 이만저만한 **고역***이 아니었다. 물도 입에 맞지 않았고, 음식도 이내 변하곤 해서 도저히 견디어 낼 것 같지가 않았다. 게다가 병까지 돌았다. 일을 하다가도 벌떡 자빠지기가 예사였다. 그러나 만도는 아침저녁으로 약간씩 설사를 했을 뿐 넘어지지는 않았다. 물도 차츰 입에 맞아 갔고, 고된 일도 날이 감에 따라 몸에 배어드는 것이었다. 밤에 날개를 치며 몰려드는 모기떼만 아니면 그냥저냥 배겨 내겠는데, 정말 그놈의 모기들만은 질색이었다.

사람의 힘이란 무서운 것이었다. 그처럼 험난하던 산과 산 틈바구니에 비행장을 닦아 내고야 말았던 것이다. 그러나 일은 그것으로 끝나는 것이 아니고, 오히려 더 벅찬 일이 기다리고 있었다. **연합군***의 비행기가 날아들면서부터 일은 밤중까지 계속되었다. 산허리에 굴을 파 들어가는 작업이

<어휘정리>

***봇짐** : 등에 지기 위하여 물건을 보자기에 싸서 꾸린 짐.

***고역** : 몹시힘들고 고되어 견디기 어려운 일.

***연합군** : 전쟁에서 둘 또는 둘 이상의 국가가 연합하여 구성한 군대.

었다. 비행기를 집어넣을 굴이었다. 그리고 모든 시설을 다 굴속으로 옮겨야 하는 것이었다.

여기저기서 다이너마이트 튀는 소리가 산을 흔들어 댔다. 앵앵앵 하고 공습경보가 나면 일을 하던 손을 놓고 모두 굴 바닥에 납작납작 엎드려 있어야 했다. 비행기가 돌아갈 때까지 그러고 있는 것이었다. 어떤 때는 근한 시간 가까이나 엎드려 있어야 하는 때도 있었는데, 차라리 그것이 얼마나 편한지 몰랐다. 그래서 더러는 공습이 있기를 은근히 기다리기도 했다. 때로는 **공습경보***의 사이렌을 듣지 못하고 그냥 일을 계속하는 수도 있었다. 그럴 때면 모두 큰 손해를 보았다고 야단들이었다. 어떻게 된 셈인지 사이렌이 미처 불기 전에 비행기가 산등성이를 넘어 들이닥치는 수도 있었다. 그럴 때는 정말 질겁을 했다. 가장 많이 피해를 낸 것도 그런 경우였다. 만도가 한쪽 팔뚝을 잃어버린 것도 바로 그런 때의 일이었다.

여느 날과 다름없이 굴속에서 바위를 허물어 내고 있었다. 바위 틈서리에 구멍을 뚫어서 다이너마이트 장치를 하는 것이었다. 장치가 다 되면 모두 바깥으로 나가고, 한 사람만 남아서 불을 댕기는 것이다. 그리고 그것이 터지기 전에 얼른 밖으로 뛰어나와야 한다.

만도가 불을 댕기는 차례였다. 모두 바깥으로 나가 버린 다음 그는 성냥을 꺼냈다. 그런데 웬 영문인지 기분이 꺼림칙했다. 모기에 물린 자리가 자꾸 쑥쑥 쑤시는 것이 아닌가. 긁적긁적 긁어 댔으나 도무지 시원한 맛이 없었다. 그는 이맛살을 찌푸리면서 성냥을 득! 그었다. 그래 그런지 몰라도 불은 이내 픽 하고 꺼져 버렸다. 성냥 알맹이 네 개째에서 겨우 심지에 불이 댕겨졌다. 심지에 불이 붙는 것을 보자, 그는 얼른 몸을 굴 밖으로 날렸다. 바깥으로 막 나서려는 때였다. 산이 무너지는 듯한 소리와 함께 사나운 바람이 귓전을 후려갈기는 것이었다. 만도는 정신이 아찔했다. 공습이었던 것이다. 산등성이를 넘어 달려든 비행기가 머리 위로 아슬아슬하게 지나가는 것이었다. 미처 정신을 차리기도 전에 또 한 대가 뒤따라 날아드는 것이 아닌가. 만도는 그만 넋을 잃고 굴 안으로 도로 달려들어갔다. 달려들어가서 굴 바닥에 엎드리고 말았다. 그 순간이었다. 쾅! 굴 안이 미어지는 듯하면서 다이너마이트가 터졌다. 만도의 두 눈에서 불이 번쩍했다.

<어휘정리>
***공습경보** : 항공기가 공중에서 공격하여 왔을 때 위험을 알리는 경보.

만도가 어렴풋이 눈을 떠보니, 바로 거기 눈앞에 누구의 것인지 모를 팔뚝이 하나 아무렇게나 던져져 있었다. 손가락이 시퍼렇게 굳어져서 마치 이끼 낀 나무토막처럼 보이는 팔뚝이었다. 만도는 그것이 자기의 어깨에 붙어 있던 것인 줄을 알자, 그만 으악! 정신을 잃어버렸다. 재차 눈을 떴을 때는 그는 푹신한 담요 속에 누워 있었고, 한쪽 어깻죽지가 못 견디게 쿡쿡 쑤셔 댔다. 절단 수술이 이미 끝난 뒤였다.

<위기> 꽤애액 기적 소리였다. 멀리 산모퉁이를 돌아오는가 보다. 만도는 자리를 털고 벌떡 일어서며 옆에 놓아둔 고등어를 집어 들었다. 기적 소리가 가까워질수록 그의 가슴이 울렁거렸다. 대합실 밖으로 뛰어나가 플랫폼이 잘 보이는 울타리 쪽으로 가서 발돋움을 했다.

땡땡땡 종이 울리자, 잠시 후 차는 소리를 지르면서 들이닥쳤다. 기관차의 옆구리에서는 김이 픽픽 풍겨 나왔다. 만도의 얼굴은 바짝 긴장되었다. 시커먼 열차 속에서 꾸역꾸역 사람들이 밀려 나왔다. 꽤 많은 손님이 쏟아져 내리는 것이었다. 만도의 두 눈은 곧장 이리저리 굴렀다. 그러나 아들의 모습은 쉽사리 눈에 띄지가 않았다. 저쪽 출입구로 밀려가는 사람들의 물결 속에 두 개의 지팡이를 짚고 절룩거리면서 걸어 나가는 **상이군인**＊이 있었으나, 만도는 그 사람에게 주의가 가지는 않았다. ＊

기차에서 내릴 사람은 모두 내렸는가 보다. 이제 미처 차에 오르지 못한 사람들이 플랫폼을 이리저리 서성거리고 있을 뿐인 것이다. 그놈이 거짓으로 편지를 띄웠을 리는 없는 건데……. 만도는 자꾸 가슴이 떨렸다. 이상한 일인데……. 하고 있을 때였다. 분명히 뒤에서,

"아부지!"

부르는 소리가 들렸다. 만도는 깜짝 놀라며 얼른 뒤를 돌아보았다. 그 순간 만도의 두 눈은 무섭도록 크게 떠지고, 입은 딱 벌어졌다. 틀림없는 아들이었으나, 옛날과 같은 진수가 아니었다. 양쪽 겨드랑이에 지팡이를 끼고 서 있는데, 스쳐가는 바람결에 한쪽 바짓가랑이가 펄럭거리는 것이 아닌가.

만도는 눈앞이 노오래지는 것을 어쩌지 못했다. 한참 동안 그저 멍멍하기만 하다가, 코허리가 찡해지면서 두 눈에 뜨거운 것이 핑 도는 것이었다.

"예라이 이놈아."

만도의 입술에서 모질게 튀어나온 첫마디였다. 떨리는 목소리였다. 고등어를 든 손이 불끈 주먹을 쥐고 있었다.

"이기 무슨 꼴이고, 이기."

"아부지!"

"이놈아, 이놈아……."

만도의 들창코가 크게 벌름거리다가 훌쩍 물코를 들이마셨다.

진수의 두 눈에서는 어느 결에 눈물이 꾀죄죄하게 흘러내리고 있었다. 만도는 모든 게 진수의 잘못이기나 한 듯 험한 얼굴로,

"가자, 어서!"

무뚝뚝한 한마디를 던지고는 성큼성큼 앞장을 서 가는 것이었다.

진수는 입술에 내려와 묻는 짭짤한 것을 혀끝으로 날름 핥아 버리면서 절름절름 아버지의 뒤를 따랐다.

앞장서 가는 만도는 뒤따라오는 진수를 한 번도 돌아보지 않았다. 한눈을 파는 법도 없었다. 무겁디무거운 짐을 진 사람처럼 땅바닥만을 내려다보며 이따금 끙끙거리면서 부지런히 걸어만 가는 것이다. * 지팡이에 몸을 의지하고 걷는 진수가 성한 사람의, 게다가 부지런히 걷는 걸음을 당해낼 수는 도저히 없었다. 한 걸음 두 걸음씩 뒤지기 시작한 것이 그만 작은 소리로 불러서는 들리지 않을 만큼 떨어져 버리고 말았다. 진수는 목구멍에서 왈칵 넘어오려는 뜨거운 기운을 참느라고 어금니를 **야물게*** 깨물어 보기도 하였다. 그리고 두 개의 지팡이와 한 개의 다리를 열심히 움직여 대는 것이었다.

앞서 간 만도는 주막집 앞에 이르자, 비로소 한 번 뒤를 돌아보았다. 진수는 오다가 나무 밑의 그늘에서 오줌을 누고 있었다. 지팡이는 땅바닥에 던져 놓고, 한쪽 손으로는 볼일을 보고, 한쪽 손으로는 **나무둥치***를 안고 있는 꼬락서니가 **을씨년스럽기*** 이를 데 없었다. 만도는 눈살을 찌푸리며 으음 신음 소리 비슷한 무거운 소리를 토했다. 그리고 술방 앞으로 가서 방문을 왈칵 잡아당겼다.

기역자 판 안에 도사리고 앉아서 속옷을 뒤집어 이를 잡고 있던 여편네가 킥 웃으며 후닥닥 옷섶을 여몄다. 그러나 만도는 웃지를 않았다. 방문

만도와 진수의 심정은 어떠하겠는가?

<어휘정리>

* **야물다** : 사람됨이나 씀씀이 따위가 퍽 옹골차고 헤프지 않다.

* **나무둥치** : 큰 나무의 밑동.

* **을씨년스럽다** : 보기에 날씨나 분위기가 몹시 스산하고 쓸쓸하다.

턱을 넘어서면서도 서방님 들어가신다는 소리를 내뱉지 않았다. 이처럼 뚝
뚝한 얼굴을 하고 이 술방에 들어서기란 아마 처음 일일 것이다. 여편네가
멋도 모르고,

"오늘은 서방님 아닌가배."

하고 킬룩 웃었으나, 만도는 으음 또 무거운 신음 소리를 했을 뿐이
었다.

기역자 판 앞에 가서 쭈그리고 앉기가 바쁘게,

"빨리빨리."

재촉이었다.

"하따나, 어지간히도 바쁜가배."

"빨리 곱빼기로 한 사발 달라니까구마."

"오늘은 와 이카노?"

여편네가 건네주는 술 사발을 받아 들며, 만도는 후유 숨을 크게 내쉬
었다. 그리고 입을 얼른 사발로 가져갔다. 꿀꿀꿀 잘도 넘어간다. 그 큰
사발을 단숨에 비워 버리고는 도로 여편네 앞으로 불쑥 내민다.

그렇게 **거들빼기***로 석 잔을 해치우고서야 으으윽 **게트림***을 했다.
여편네가 눈을 휘둥그레 가지고 혀를 내둘렀다. 빈속에 술을 그처럼 때
려 마시고 보니 금세 눈두덩이 확확 달아오르고, 귀뿌리가 발갛게 익어
갔다.

술기가 **얼근하게*** 돌자, 이제 좀 속이 풀리는 것 같아 방문을 열고
바깥을 내다보았다. 진수는 이마에 땀을 척척 흘리면서 저만큼 오고 있
었다.

"진수야!"

버럭 소리를 질렀다.

"이리 들어와 보래."

진수는 아무런 대꾸도 없이 어기적어기적 다가왔다.

다가와서 방문턱에 걸터앉으니까 여편네가 보고,

"방으로 좀 들어오이소."

한다.

"여기 좋심더."

<어휘정리>

* **들빼기** : 연거푸.

* **게트림** : 거만스럽게 거
   드름을 피우며 하는 트
   림.

* **얼근하다** : 술이 취하
   여 정신이 조금 어렴풋
   하다.

그는 수세미 같은 손수건으로 이마와 코언저리를 아무렇게나 훔친다.

"마, 아무 데서나 묵어라. 저, 국수 한 그릇 말아 주소."

"야."

"곱빼기로 잘 좀……. 참지름도 치소, 잉?"

"야아."

여편네는 코로 히죽 웃으면서 만도의 옆구리를 살짝 꼬집고는, 소쿠리에서 삶은 국수 두 뭉텅이를 집어 든다.

진수가 국수를 훌훌 끌어 넣고 있을 때, 여편네는 만도의 귓전으로 얼굴을 살짝 갖다 댄다.

"아들인가?"

만도는 고개를 약간 앞뒤로 끄덕거렸을 뿐 좋은 기색을 하지 않았다.

진수가 국물을 훌쩍 들이마시고 나자 만도는,

"한 그릇 더 묵을래?"

한다.

"아니예."

"한 그릇 더 묵지 와?"

"고만 묵을랍니다."

진수는 입술을 썩 닦으며 부스스 자리에서 일어났다.

주막을 나선 그들 부자는 논두렁길로 접어들었다. 조금 전처럼 만도가 앞장을 서는 것이 아니라, 이번에는 진수를 앞세웠다. 지팡이를 짚고 기우뚱기우뚱 앞서 가는 아들의 뒷모습을 바라보며 팔뚝이 하나밖에 없는 아버지가 느릿느릿 따라가는 것이다. 손에 매달린 고등어가 곧장 달랑달랑 춤을 춘다. 너무 급하게 들이부어서 그런지 만도의 뱃속에서는 우글우글 술이 끓고, 다리가 휘청거린다. 콧구멍으로 더운 숨을 훅훅 내뿜어 본다. 정신이 아른하다. 좋다.

"진수야!"

"예."

"니 우짜다가 그래 됐노?"

"전쟁하다가 이래 안됐십니꺼. 수류탄 쪼가리에 맞았심더."

"수류탄 쪼가리에?"

진수가 먹을 국수를 주문할 때 느껴지는 만도의 마음은 어떠한가?

"예."

"음……."

"얼른 낫지 않고 막 썩어 들어가기 땜에 군의관이 짤라버립디더, 병원에서예."

"……."

"아부지!"

"와?"

"이래 가지고 나 우째 살까 싶습니더."

"우째 살긴 뭘 우째 살아. 목숨만 붙어 있으면 다 사는 기다. 그런 소리하지 마라."

"……."

"나 봐라, 팔뚝이 하나 없어도 잘만 안 사나. 남 봄에 좀 덜 좋아서 그렇지, 살기사 와 못 살아."

"차라리 아부지같이 팔이 하나 없는 편이 낫겠어예. 다리가 없어 노니 첫째 걸어 댕기기가 불편해서 똑 죽겠심더."

"야야, 안 그렇다. 걸어 댕기기만 하면 뭐 하노. 손을 제대로 놀려야 일이 뜻대로 되지."

"그럴까예?"

"그렇다니까. 그러니까 집에 앉아서 할 일은 니가 하고, 나댕기메 할 일은 내가 하고, 그라면 안 되겠나, 그제?"

"예."

진수는 가벼운 한숨을 내쉬며 아버지를 돌아보았다. 만도는 돌아보는 아들의 얼굴을 향해서 지그시 웃어 주었다.

술을 마시고 나면 이내 오줌이 마려워진다. 만도는 길가에 아무렇게나 쭈그리고 앉아서 고기 묶음을 입에 물려고 한다. 그것을 본 진수는,

"아부지, 그 고등어 이리 주이소."

한다.

팔이 하나밖에 없는 몸으로 물건을 손에 든 채 소변을 볼 순 없는 것이다. 아버지가 볼일을 마칠 때까지 진수는 저만큼 떨어져 서서 지팡이를 한쪽 손에 모아 쥐고, 다른 손으로는 고등어를 들고 있었다. 볼일을 다 본

만도는 얼른 가서 아들의 손에서 고등어를 다시 받아 든다.

<절정> 개천 둑에 이르렀다. 외나무다리가 놓여 있는 그 시냇물이다. 진수는 슬그머니 걱정이 되었다. 물은 그렇게 깊은 것 같지 않지만, 밑바닥이 모래흙이어서 지팡이를 짚고 건너가기가 만만할 것 같지 않기 때문이다. 외나무다리는 도저히 건너갈 재주가 없고……. 진수는 하는 수 없이 둑에 퍼지르고 앉아서 바짓가랑이를 걷어 올리기 시작했다.

만도는 잠시 멀뚱히 서서 아들의 하는 양을 내려다보고 있다가,

"진수야, 그만두고, 자아, 업자."

하는 것이었다.

"업고 건느면 일이 다 되는 거 아니가. 자아, 이거 받아라."

고등어 묶음을 진수 앞으로 내민다.

진수는 퍽 난처해 하면서 못 이기는 듯이 그것을 받아 들었다. 만도는 등어리를 아들 앞에 갖다 대고 하나밖에 없는 팔을 뒤로 버쩍 내밀며,

"자아, 어서!"

했다.

진수는 지팡이와 고등어를 각각 한 손에 쥐고, 아버지의 등어리로 가서 슬그머니 업혔다. 만도는 팔뚝을 뒤로 돌리면서 아들의 하나뿐인 다리를 꼭 안았다. 그리고,

"팔로 내 목을 감아야 될 끼다."

했다.

진수는 무척 **황송한*** 듯 한쪽 눈을 찍 감으면서 고등어와 지팡이를 든 두 팔로 아버지의 목줄기를 부둥켜안았다.

만도는 아랫배에 힘을 주며 끙 하고 일어났다. 아랫도리가 약간 후들거렸으나 걸어갈 만은 했다. 외나무다리 위로 조심조심 발을 내디디며 만도는 속으로, 이제 새파랗게 젊은 놈이 벌써 이게 무슨 꼴고. 세상을 잘못 만나서 진수 니 신세도 참 똥이다 똥. 이런 소리를 주워섬겼고, 아버지의 등에 업힌 진수는 곧장 미안스러운 얼굴을 하며,

'나꺼정 이렇게 되다니 아부지도 참 복도 더럽게 없지. 차라리 내가 죽어 나았을 낀데…….'

<어휘정리>

***황송하다** : 분에 넘쳐 고맙고도 송구스럽다.

> 하고 속으로 중얼거렸다.
>
> **〈결말〉** 만도는 아직 술기가 약간 있었으나, 용케 몸을 가누며 아들을 업고 외나무다리를 조심조심 건너가는 것이었다.
>
> 눈앞에 우뚝 솟은 용머리재가 이 광경을 가만히 내려다보고 있었다.

① 인물 ・ 만도:

        ・ 진수 :

② 사건 ・ '외나무 다리'의 상징적인 의미는 무엇이고, 문제를 어떻게 해결하려고 하는가?

③ 배경 ・ 만도가 팔을 잃은 이유는 무엇인가?

        ・ 진수가 다리를 잃은 이유는 무엇인가?

④ 시점 ・ 누구의 시점으로 말하고 있는가?

⑤ 주제 ・ 이 글을 통해 작가가 하고자 하는 이야기는 무엇인가?

1-6. 다음 글을 읽고 물음에 답하시오.

||||| 확인문제

(가) 만도는 아랫배에 힘을 주며, '끙!' 하고 일어났다. 아랫도리가 약간 후들거렸으나 걸어갈 만은 했다. 외나무다리 위로 조심조심 발을 내디디며 만도는 속으로, '이제 새파랗게 젊은 놈이 벌써 이게 무슨 꼴이고. 세상들 잘못 만나서 진수 니 신세도 참 똥이다, 똥!' 이런 소리를 주워섬겼고, 아버지의 등에 업힌 진수는 곧장 미안스러운 얼굴을 하며,

'나꺼정 이렇게 되다니, 아부지도 참 복도 더럽게 없지, 차라리 내가 죽어버렸더라면 나았을 낀데…….'

하고 중얼거렸다.

만도는 아직 술기가 약간 있었으나, 용케 몸을 가누며 아들을 업고 ㉠외나무다리를 조심조심 건너가는 것이었다.

눈앞에 우뚝 솟은 용머리재가 이 광경을 가만히 내려다보고 있었다.

(나) 땡땡땡 종이 울리자, 잠시 후 차는 소리를 지르면서 들이닥쳤다. 기관차의 옆구리에서는 김

이 픽픽 풍겨 나왔다. 만도의 얼굴은 바짝 긴장되었다. 시커먼 열차 속에서 꾸역꾸역 사람들이 밀려 나왔다. 꽤 많은 손님이 쏟아져 내리는 것이었다. 만도의 두 눈은 곧장 이리저리 굴렀다. 그러나 아들의 모습은 쉽사리 눈에 띄지가 않았다. 저쪽 출입구로 밀려가는 사람들의 물결 속에 두 개의 지팡이를 짚고 절룩거리면서 걸어 나가는 ⓛ상이군인이 있었으나, 만도는 그 사람에게 주의가 가지는 않았다.

(다) 섬에다가 비행장을 닦는 것이었다. 모기에게 물려 혹이 된 자리를 벅벅 긁으며 비 오듯 쏟아지는 땀을 무릅쓰고, 아침부터 해가 떨어질 때까지 산을 허물어 내고, 흙을 나르고 하기란, 고향에서 농사 일에 뼈가 굳어진 몸에도 이만저만한 고역이 아니었다. 물도 입에 맞지 않았고, 음식도 이내 변하곤 해서 도저히 견디어 낼 것 같지가 않았다. 게다가 병까지 돌았다. 일을 하다가도 벌떡 자빠지기가 예사였다. 그러나 만도는 아침저녁으로 약간씩 설사를 했을 뿐, 넘어지지는 않았다. 물도 차츰 입에 맞아 갔고, 고된 일도 날이 감에 따라 몸에 배어드는 것이었다. 밤에 날개를 차며 몰려드는 모기 떼만 아니면 그냥저냥 배겨내겠는데, 정말 그놈의 모기들만은 질색이었다.

(라) "진수야!"
버럭 소리를 질렀다.
"이리 들어와 보래."
진수는 아무런 대꾸도 없이 어기적어기적 다가왔다.
다가와서 방 문턱에 걸터앉으니까, 여편네가 보고,
"방으로 좀 들어오이소."
한다.
"여기 좋심더."
그는 수세미 같은 손수건으로 이마와 코언저리를 아무렇게나 훔친다.
"마 아무데서나 묵어라. 저 국수 한 그릇 말아 주소."
"야."
"곱빼기로 잘 좀 ……. 참지름도 치소, 잉?"
"야아."
여편네는 코로 히죽 웃으면서 만도의 옆구리를 살짝 꼬집고는, 소쿠리에서 삶은 국수 두 뭉텅이를 집어 든다.

> **(마)** "진수야!" / "예."
>
> "니 우째다가 그래 됐노?" / "전쟁하다가 이래 안 됐심니꼬. 수류탄 쪼가리에 맞았심더."
>
> "수류탄 쪼가리에?" / "예."
>
> "음." / "얼른 낫지 않고 막 썩어 들어가기 땜에 군의관이 짤라 버립디더. 병원에서예."
>
> "……." / "아부지!"
>
> "와?" / "이래 가지고 우째 살까 싶습니더."
>
> "우째 살긴 뭘 우째 살아? 목숨만 붙어 있으면 다 사는 기다. 그런 소리 하지 마라."

01. 위 글을 이야기의 시간적 순서에 따라 옳게 나열한 것은?

① (가) – (나) – (다) – (라) – (마)   ② (나) – (다) – (라) – (마) – (가)

③ (다) – (나) – (라) – (마) – (가)   ④ (나) – (다) – (라) – (가) – (마)

⑤ (다) – (나) – (라) – (가) – (마)

02. ㉠외나무다리의 기능에 대한 설명으로 보기 어려운 것은?

① 두 사람의 갈등 해소

② 부자의 앞에 놓인 고난

③ 새로운 삶의 가능성 모색

④ 서로 돕고 살아가야 할 이유

⑤ 두 사람에게 찾아올 불행한 미래

03. ㉡상이군인에 대한 만도의 태도로 가장 적절한 것은?

① 상관없다는 듯이 여기고 있다.

② 자신의 아들임을 알고 외면했다.

③ 전쟁의 비극성을 절감하고 있다.

④ 그의 상처를 유심히 바라보고 있다.

⑤ 처참한 모습에 고개를 돌리고 말았다.

04. 글 (라)의 내용에 대해 바르게 해석한 사람은?

① 재석 : 아버지랑 아들이 서로 서운했는데 화해하려고 하잖아.
② 명수 : 아버지는 왜 아들에게 소리 지르고 화를 내서 놀라게 해.
③ 준하 : 주막에서 아들이 부끄러운지, 아들을 아는 체도 안하고 있어.
④ 동훈 : 주막 여주인이 만도에게 바가지를 씌우려는 수작이 눈에 띄네.
⑤ 성준 : 국수를 챙겨달라는 모습에서 아들에 대한 사랑을 엿볼 수 있네.

05. 다음 〈보기〉의 글에서, 만도와 가장 밀접하게 관련된 내용은?

〈 보기 〉

일제는 ⊙전쟁물자를 생산하기 위해 한반도에 금속, 기계, 화학 계통의 군수공장을 건설하였으며, 철, 석탄, 텅스텐 등 지하자원의 증산을 독려하였다. 또, ⓒ공출이라는 이름으로 식량뿐 아니라 갖가지 물자를 강제로 약탈 하였다. 전쟁의 막바지에는 고철, 놋그릇, 수저, 못 등 무기를 만드는 재료는 무엇이든지 빼앗고, ⓒ비행기 연료로 사용하기 위해 소나무 껍질을 벗겨 송진을 뽑기까지 하였다. 물적인 약탈만 자행한 것이 아니었다. 일제는 ②한국인을 강제징용으로 끌고 가 광산이나 공장에서 고통스러운 노동을 강요하였고, ⑩지원병제도와 학병제, 징병제를 실시하여 많은 정년들을 전쟁터로 내몰았다. 〈중학교 국사교과서〉

① ⊙   ② ⓒ   ③ ⓒ   ④ ②   ⑤ ⑩

06. 위 글을 읽고 난 후의 학생들의 활동으로 가장 적절치 <u>않은</u> 것은?

① 한국 전쟁 관련 다큐멘터리 프로그램을 시청한다.
② 분단의 현장을 찾아가보고 우리 민족의 아픔을 되새겨본다.
③ 전쟁을 소재로 한 게임을 해보고 그 재미를 직접 경험해 본다.
④ 한국전쟁으로 우리 민족이 겪은 아픔을 도서관에서 조사해본다.
⑤ 한국전쟁 관련 사진전을 찾아가서 평화를 노력에 대해 생각해본다.

7-9. 다음 글을 읽고 물음에 답하시오.

(가) 진수가 돌아온다. 진수가 살아서 돌아온다. ⓐ아무개는 전사했다는 통지가 왔고, 아무개 아무개는 죽었는지 살았는지 통 소식이 없는데, 우리 진수는 살아서 오늘 돌아오는 것이다. ㉠생각할수록 어깻바람이 날 일이었다. 그래 그런지 몰라도 박만도는 여느 때 같으면 아무래도 한두 군데 앉아 쉬어야 넘어설 수 있는 용머리재를 단숨에 올라채고 말았다. 가슴이 펄럭거리고 허벅지가 뻐근했다. ㉡그러나 그는 고갯마루에서도 쉴 생각을 하지 않았다.

들 건너 멀리 바라보이는 정거장에서 연기가 물씬물씬 피어오르며 삐익 기적 소리가 들려왔기 때문이다. 아들이 타고 내려올 기차는 점심때가 가까워야 도착한다는 것을 모르는 바 아니다. ㉢해가 이제 겨우 산등성이 위로 한 뼘 가량 떠올랐으니 오정이 되려면 아직 차례 멀었다.

㉣그러나 그는 공연히 마음이 바빴다. 까짓것, 잠시 앉아 쉬면 뭐할 끼고.

(나) ⓑ바로 이 정거장 마당에 백 명 남짓한 사람들이 모여 웅성거리고 있었다. 그중에는 만도도 섞여 있었다. 기차를 기다리고 있는 것이었으나, 그들은 모두 자기네들이 어디로 가는 것인지 알지를 못했다. 그저 차를 타라면 탈 사람들이었다. ⓒ징용에 끌려 나가는 사람들이었다. 그러니까 ⓓ지금으로부터 십삼사 년 옛날의 이야기인 것이다. ⓔ북해도 탄광으로 갈 것이라는 사람도 있었고, 틀림없이 남양 군도로 간다는 사람도 있었다. 더러는 만주로 가면 좋겠다고 하기도 했다. 만도는 북해도가 아니면 남양군도일 것이고, 거기도 아니면 만주겠지. 설마 저희들이 하늘 밖으로야 끌고 가겠느냐고, 아무렇지도 않은 듯이 그 들창코로 담배 연기를 푹푹 내뿜고 있었다. 그러나 마음이 좀 덜 좋은 것은 마누라가 저쪽 변소 모퉁이 벗나무 밑에 우두커니 서서 한눈도 안 팔고 이쪽만을 바라보고 있는 때문이었다. 그래서 그는 주머니 속에 성냥을 두고도 옆 사람에게 불을 빌리자고 하며 슬며시 돌아서 버리곤 했다.

(다) 만도는 깜짝 놀라며 얼른 뒤를 돌아보았다. 그 순간 만도의 두 눈은 무섭도록 크게 떠지고, 입은 딱 벌어졌다. 틀림없는 아들이었으나, 옛날과 같은 진수는 아니었다. 양쪽 겨드랑이에 지팡이를 끼고 서 있는데, 스쳐 가는 바람결에 한쪽 바짓가랑이가 펄럭거리는 것이 아닌가.

만도는 눈앞이 노오래지는 것을 어찌지 못했다. ㉤한참 동안 그저 멍멍하기만 하다가, 코허리가 찡해지면서 두 눈에 뜨거운 것이 핑 도는 것이었다.

(　　㉥　　)"에라이 이놈아!"

만도의 입술에서 모질게 튀어나온 첫마디였다. 떨리는 목소리였다. 고등어를 든 손이 불끈 주먹을 쥐고 있었다.

(　　Ⓢ　　)"아부지!"

"이놈아, 이놈아……."

만도의 들창코가 크게 벌름거리다가 훌쩍 물코를 들이마셨다.

진수의 두 눈에서는 어느 결에 눈물이 꾀죄죄하게 흘러내리고 있었다.

(라) 개천 둑에 이르렀다. ◎<u>외나무다리</u>가 놓여 있는 그 시냇물이다. 진수는 슬그머니 걱정이 되었다. 물은 그렇게 깊은 것 같지 않지만, 밑바닥이 모래흙이어서 지팡이를 짚고 건너가기가 만만할 것 같지 않기 때문이다. 외나무다리는 도저히 건너갈 재주가 없고……. 진수는 하는 수 없이 둑에 퍼지르고 앉아서 바짓가랑이를 걷어 올리기 시작했다.

만도는 잠시 멀뚱히 서서 아들의 하는 양을 내려다보고 있다가,

"진수야, 그만두고. 자아, 업자."

하는 것이었다.

"업고 건느면 일이 다 되는 거 아니가. 자아, 이거 받아라."

고등어 묶음을 진수 앞으로 내민다.

진수는 퍽 난처해하면서 못 이기는 듯이 그것을 받아 들었다. 만도는 등허리를 아들 앞에 갖다 대고 하나밖에 없는 팔을 뒤로 버쩍 내밀며,

"자아, 어서!" 했다.

진수는 지팡이와 고등어를 각각 한 손에 쥐고, 아버지의 등허리로 가서 슬그머니 업혔다. 만도는 팔뚝을 뒤로 돌리면서 아들의 하나뿐인 다리를 꼭 안았다. 그리고,

"팔로 내 목을 감아야 될 끼다." 했다.

진수는 무척 황송한 듯 한쪽 눈을 찍 감으면서, 고등어와 지팡이를 든 두 팔로 아버지의 목줄기를 부둥켜안았다.

07. 아들에 대한 아버지의 마음이 드러난 것으로 알맞지 <u>않은</u> 것은?

　　① ㉠　　　　② ㉡　　　　③ ㉢　　　　④ ㉣　　　　⑤ ㉤

08. 이 작품의 시대적 배경을 짐작하게 하는 부분이 <u>아닌</u> 것은?

   ① ⓐ   ② ⓑ   ③ ⓒ   ④ ⓓ   ⑤ ⓔ

09. (다)를 연극 대본으로 바꿀 경우 글의 흐름으로 보아 ⓑ, ⓢ에 들어갈 지시문 내용으로 가장
적당한 것은?

ⓑ	ⓢ
① 화가 난 듯한 표정으로	미안한 듯한 모습으로
② 다정한 목소리로	간절한 표정으로
③ 불쾌하다는 표정으로	긴장한 말투로
④ 단호하나 나지막한 목소리로	놀라는 모습으로
⑤ 위로하는 마음을 담아	비장한 모습으로

10-13. 다음 글을 읽고 물음에 답하시오.

(가) 만도는 오른쪽 팔만을 앞뒤로 흔들고 있었다. 왼쪽 팔은 조끼 주머니에 아무렇게나 쑤셔 넣고 있는 것이다. 삼대독자가 죽다니 말이 되나, 살아서 돌아와야 일이 옳고말고. 그런데 병원에서 나온다 하니 어디를 좀 다치기는 다친 모양이지만, 설마 나같이 이렇게야 되지 않았겠지.

(나) 신작로에 나서면 금세 읍이었다. 만도는 읍 들머리에서 잠시 망설이다가, 정거장 쪽과는 반대되는 방향으로 걸음을 옮겼다. 장거리를 찾아가는 것이었다. 진수가 돌아오는데 고등어나 한 손 사 가지고 가야 될 게 아닌가 싶어서였다. 장날은 아니었으나, 고깃전에는 없는 고기가 없었다. 이것을 살까 하면 저것이 좋아 보이고, 그것을 사러 가면 또 그 옆의 것이 먹음직해 보였다. 한참 이리저리 서성거리다가 결국은 고등어 한손이었다.

(다) 바로 이 정거장 마당에 백 명 남짓한 사람들이 모여 웅성거리고 있었다. 그중에는 만도도 섞여 있었다. 기차를 기다리고 있는 것이었으나, 그들은 모두 자기네들이 어디로 가는 것인지 알지를 못했다. 그저 차를 타라면 탈 사람들이었다. 징용에 끌려 나가는 사람들이었다. 그러니까 지금으로

부터 십삼사 년 옛날의 이야기인 것이다.

북해도 탄광으로 갈 것이라는 사람도 있었고, 틀림없이 남양 군도로 간다는 사람도 있었다. 더러는 만주로 가면 좋겠다고 하기도 했다.

(라) "아부지!"

부르는 소리가 들렸다. 만도는 깜짝 놀라며 얼른 뒤를 돌아보았다. 그 순간 만도의 두 눈은 무섭도록 크게 떠지고, 입은 딱 벌어졌다. 틀림없는 아들이었으나, 옛날과 같은 진수가 아니었다. 양쪽 겨드랑이에 지팡이를 끼고 서 있는데, 스쳐 가는 바람결에 한쪽 바짓가랑이가 펄럭거리는 것이 아닌가.

만도는 눈앞이 노오래지는 것을 어쩌지 못했다. 한참 동안 그저 멍멍하기만 하다가, 코허리가 찡해지면서 두 눈에 뜨거운 것이 핑 도는 것이었다.

"에라이 이놈아."

만도의 입술에서 모질게 튀어나온 첫마디였다. 떨리는 목소리였다. 고등어를 든 손이 불끈 주먹을 쥐고 있었다.

"이기 무슨 꼴이고, 이기." / "아부지!"

"이놈아, 이놈아……."

만도의 들창코가 크게 벌름거리다가 훌쩍 물코를 들이마셨다. 진수의 두 눈에서는 어느 결에 눈물이 꾀죄죄하게 흘러내리고 있었다. 만도는 모든 게 진수의 잘못이기나 한 듯 험한 얼굴로, "가자, 어서!"

무뚝뚝한 한마디를 던지고는 성큼성큼 앞장을 서 가는 것이었다.

(마) "우째 살긴 뭘 우째 살아. 목숨만 붙어 있으면 다 사는 기다. 그런 소리 하지 마라."

"……."

"나 봐라, 팔뚝이 하나 없어도 잘만 안 사나. 남 봄에 좀 덜 좋아서 그렇지, 살기사 와 못 살아."

"차라리 아부지같이 팔이 하나 없는 편이 낫겠어예. 다리가 없어 노니 첫째 걸어 댕기기가 불편해서 똑 죽겠심더."

"야야, 안 그렇다. 걸어 댕기기만 하면 뭐 하노. 손을 제대로 놀려야 일이 뜻대로 되지."

"그럴까예?"

"그렇다니까. 그러니까 집에 앉아서 할 일은 니가 하고, 나댕기메 할 일은 내가 하고, 그라면 안

되겠나, 그제?"

〈중략〉

개천 둑에 이르렀다. ㉠<u>외나무다리</u>가 놓여 있는 그 시냇물이다. 진수는 슬그머니 걱정이 되었다. 물은 그렇게 깊은 것 같지 않지만, 밑바닥이 모래흙이어서 지팡이를 짚고 건너가기가 만만할 것 같지 않기 때문이다. 외나무다리는 도저히 건너갈 재주도 없고……, 진수는 하는 수 없이 둑에 퍼지르고 앉아서 바짓가랑이를 걷어 올리기 시작했다.

10. (가)~(마)에 대한 설명으로 알맞지 <u>않은</u> 것은?

① (가) - 앞으로의 내용을 예측할 수 있는, 사건 전개의 복선 부분이 있다.
② (나) - 고등어는 '아들 진수에 대한 만도의 사랑과 정성'을 말한다.
③ (다) - '북해도 탄광', '남양 군도'라는 단어에서 6.25 한국 전쟁을 다루고 있음을 알 수 있다.
④ (라) - 이 단락에 나타난 진수의 감정은 '죄송스러움'이다.
⑤ (마) - 만도는 절망감에 빠진 아들을 위로하고 고난을 극복하려는 적극적인 의지를 보여준다.

11. 이 소설의 주제 의식이 가장 잘 드러난 단락은?

① (가)　　　② (나)　　　③ (다)　　　④ (라)　　　⑤ (마)

12. (라)에서 만도가 느끼는 감정으로 알맞지 <u>않은</u> 것은?

① 한쪽 다리를 잃고 자신을 부르는 아들을 보고 놀람
② 아들이 한쪽 다리를 잃었지만 살아서 돌아왔다는 기쁨
③ 자신의 몸 하나 제대로 지키지 못한 아들에 대한 원망
④ 두 세대에 걸쳐 말할 수 없는 고통에 빠지게 한 세상에 대한 원망
⑤ 아들이 아무런 부상 없이 돌아올 것이라는 기대감이 좌절되어 오는 절망감

13. (마)의 내용과 가장 관련이 깊은 속담은?

① 시간이 약이다.

② 도랑 치고 가재 잡는다.

③ 백짓장도 맞들면 낫다.

④ 믿는 도끼에 발등 찍힌다.

⑤ 개똥밭에 굴러도 이승이 좋다.

🚗 개념 정리

05 :: 서술자와 시점

1. 서술자

1) 서술자란

소설의 내용을 독자에게 이야기 해주는 사람

2) 서술자의 역할

① 독자에게 소설의 이야기를 효과적으로 전달하기 위해 작가가 만들어낸 허구적 대리인임

② 서술자는 작품에 직접 등장할 수도 있고, 작품 밖에 위치하며 서술할 수도 있음

→ 서술자의 위치와 태도에 따라 '시점'이 나뉨

2. 시점

1) 시점이란

① 작품에서 독자에게 이야기를 전달하는 서술자의 위치와 태도

② 서술자가 작품 안에 등장하는 '나'이면 1인칭 시점이며, 서술자가 작품 밖에 위치하여 '그(그녀)'에 대해 서술하면 3인칭 시점임

2) 시점의 종류와 특징

◯ 서술자의 위치 : 작품 안

① (   ) 시점

- 작품 속 주인공인 '나'가 자신의 이야기를 서술하는 시점임

- 작품 속 주인공인 '나'의 내면에 대한 서술을 확인 할 수 있고 보고 느끼고 생각한 것만을 알게 됨

② (   ) 시점

- 작품 속 인물인 '나'가 관찰자의 입장에서 중심인물에 대해 서술하는 시점임

- '나'는 작품 속 다른 중심 인물의 내면 심리를 서술할 수 없음

- 서술자인 '나'가 관찰한 것들만 서술하므로 서술의 한계가 존재함

- 주요인물의 내면이 직접 제시되지 않아 작품에 긴장감을 만들어 낼 수 있음.

◯ 서술자의 위치 : 작품 안

① (   ) 시점

- 서술자가 신의 능력으로 인물의 모든 것을

서술하는 시점임

- 전지적 서술자가 인물의 심리, 행적, 사건의 전모 등을 꿰뚫어 보며 서술함.
- 독자는 인물의 심리와 사건의 전모를 쉽게 알 수 있으나 서술자의 관여로 상상력이 제한되기도 함

② (　　　　　　　　) 시점

- 서술자가 관찰자의 입장에서 인물과 사건 등을 객관적으로 서술하는 시점임
- 서술자가 객관적 상황만 전달하므로 독자의 상상력의 폭이 넓어짐.

06 :: 고전 소설(古典小說)

1. 뜻

일반적으로 갑오경장(1894) 이전의 소설을 현대소설과 구분하여 일컬음.

2. 특징

1) 주제

권선징악(勸善懲惡), 인과응보(因果應報)

2) 구성 : 일대기적 구성, 평면적, 행복한 결말

① 인물 : 과장적, 선악의 대결, 전형적, 평면적 인물

② 사건 : 비현실적, 우연적

③ 배경 : 대부분이 중국(공간), 작가들이 살고 있는 시대가 아닌 과거(회고적)

④ 결말 : 행복한 결말

3) 문체

① 낭독하기 좋은 낭송체, 운문체, 가사체

② 언문일치가 아닌 문어체 : - 인지라, - 하였더라. - 가로되...

3. 고대 소설과 현대 소설의 차이점

	고대 소설	현대 소설
주제	권선징악, 교훈적	새로운 인간형 탐구
사건	비현실적, 우연적	현실적, 필연적
인물	전형적, 평면적	개성적, 입체적
문체	운문체, 낭송체, 문어체	산문체, 구어체
구성	일대기적 구성	복합 구성
결말	행복한 결말	다양한 결말
형성 과정	설화를 바탕으로 한 집단창작, 개인창작	개인 창작

4. 판소리계 소설

1) 뜻

'근원 설화 > 판소리계 사설 > 고전 소설 (판소리계 소설) > 신소설'의 과정을 밟아 창작된 소설

2) 특징

① 운문과 산문이 섞인 문체가 사용됨

② 양반층의 세련된 한문투와 평민층의 재치가

담긴 속어 등이 사용됨

③ 판소리 특유의 해학과 풍자를 통해 평민층
의 삶의 모습과 바람을 담아냄

3) 작품

근원 설화	판소리 사설	판소리계 소설	신소설
연권녀 (효녀 지은) 설화	심청가	심청전	강상련
열녀 설화	춘향가	춘향전	옥중화
방이 설화	흥부가	흥부전	연의 각
구토지설	수궁가	토끼전	토의 간

♕ 다음 소설의 '시점'을 찾아보자.

|||| 작품으로 개념 확인 | 허균, 「홍길동전」

 "소인이 대감의 정기를 받아 태어났으니 어찌 낳고 길러 주신 부모님의 은혜를 잊겠습니까? 하오
나 소인이 서러워하는 것은 아버지를 아버지라고 부르지 못하고 형을 형이라 못하는 것입니다. 소
인을 어찌 사람이라 하오리까?"
 이야기를 하던 길동의 목이 메었다. 홍판서가 그 말을 듣고 불쌍한 생각이 들었으나, 그 마음을
위로해 주면 마음이 방자해질까 염려하여 일부러 크게 꾸짖었다.

01. 서술자가 작품 속에 등장하는가?

02. 등장인물의 마음까지 파악하고 있는가?

03. 소설의 시점은?

|||||| 작품으로 개념 확인 | 황순원, 「소나기」

소년은 개울가에서 소녀를 보자 곧 윤초시네 증손녀라는 걸 알수있었다. 소녀는 개울에다 손을 잠그고 물장난을 하고 있는 것이다. 서울서는 이런 개울물을 보지 모하기난 한 듯이.

벌써 며칠째 소녀는 학교에서 돌아오는 길에 물장난이었다. 그런데 어제까지는 개울 기슭에서 하더니, 오늘은 징검다리 한가운데 앉아서 하고 있다.

소년은 개울둑에 앉아 버렸다. 소녀가 비키기를 기다리자는 것이다.

요행 지나가는 사람이 있어, 소녀가 길을 비켜 주었다.

다음 날은 좀 늦게 개울가로 나왔다. 이날은 소녀가 징검다리 한가운데 앉아 세수를 하고 있었다.

01. 서술자가 작품 속에 등장하는가?

02. 등장인물의 마음까지 파악하고 있는가?

03. 소설의 시점은?

|||||| 작품으로 개념 확인 | 김유정, 「동백꽃」

나흘 전 감자 쪼간만 하더라도 나는 저에게 조금도 잘못한 것은 없다. …

언제 구웠는지 아직도 더운 김이 왝 끼치는 굵은 감자 세 개가 손에 뿌듯이 쥐였다.

"느 집엔 이거 없지?"하고 생색있는 큰소리를 하고는 제가 준 것을 남이 알면 큰일 날 테니 여기서 얼른 먹어 버리란다. 그리고 또 하는 소리가 "너 봄 감자가 맛있단다"

"난 감자 안 먹는다. 니나 먹어라." 나는 고개도 돌리려지 않고 일하던 손으로 그 감자를 도로 어깨 너머로 쑥 밀어 버렸다.

01. 서술자가 작품 속에 등장하는가?

02. 등장인물의 마음까지 파악하고 있는가?

03. 소설의 시점은?

나는 금년 여섯 살 난 처녀 애입니다. 내 이름은 박옥희이구요.··· **〈중략〉**

예배당에 가서 찬미하고 기도하다가 기도하는 중간에 갑자기 나는 '혹시 아저씨두 예배당에 오지 않았나?' 하는 생각이 나서 눈을 뜨고 고개를 들어 남자석을 바라다보았습니다. 그랬더니 하, 바로 거기에 아저씨가 와 앉아 있겠지요. 그런데 아저씨는 어른이면서도 눈 감고 기도하지 않고, 우리 아이들처럼 눈을 번히 뜨고 여기저기 두리번두리번 바라봅니다. 나는 얼른 아저씨를 알아보았는데 아저씨는 나를 못 알아보았는지, 내가 빙그레 웃어 보여도 웃지도 않고 멀거니 보고만 있겠지요. 그래, 나는 손을 흔들었지요. 그러니까 아저씨는 얼른 고개를 숙이고 말더군요. 그 때, 어머니가 내가 팔 흔드는 것을 깨닫고 두 손으로 나를 붙들고 끌어당기더군요.

나는 어머니 귀에다 입을 대고, "저기 아저씨도 왔어"하고 속삭이니까 어머니는 흠칫하면서 내 입을 손으로 막고 막 끌어 잡아다가 앞에 앉히고 고개를 누르더군요. 보니까 어머니도 얼굴이 홍당무처럼 빨개졌더군요.···

아저씨도 한번도 바라다보아 주지도 낳고 성이 나서 앉아 있고, 어머니는 나를 보지도 않고 공연히 꽉꽉 잡아당기지요. 왜 모두들 그리 성이 났는지! 나는 그만 '으아' 하고 울고 싶었어요.

01. 서술자가 작품 속에 등장하는가?

02. 등장인물의 마음까지 파악하고 있는가?

03. 소설의 시점은?

IIIII 핵심정리 | 황순원, 「학」

👑 성삼이는 고향 마을을 왜 낯설게 느끼고 있는가?

👑 과거 회상의 매개체가 되는 소재는?

<어휘정리>

*봉당(封堂) : 안방과 건넌방 사이의 마루를 놓을 자리에 마루를 놓지 아니하고 흙바닥 그대로 둔 곳.

*박통 : 쪼개지 아니한 통째로의 박.

*아람 : 밤이나 도토리 같은 열매가 잘 익어서 저절로 떨어질 만큼 된 상태.

*포승 : 죄인을 잡아 묶는 노끈.

*농민 동맹 : 한국 전쟁 때, 북한에서 만든 농민 단체.

<발단> 삼팔 접경의 이 북쪽 마을은 드높이 갠 가을 하늘 아래 한껏 고즈넉했다.

주인 없는 집 **봉당(封堂)***에 흰 **박통***만이 흰 박통을 의지하고 굴러있었다.

어쩌다 만나는 늙은이는 담뱃대부터 뒤로 돌렸다. 아이들은 또 아이들대로 멀찌감치서 미리 길을 비켰다. 모두 겁에 질린 얼굴들이었다.

동네 전체로는 이번 동란에 깨어진 자국이라곤 별로 없었다. 그러나 어쩐지 자기가 어려서 자란 옛 마을은 아닌 성싶었다.

뒷산 밤나무 기슭에서 성삼이는 발걸음을 멈추었다. 거기 한 나무에 기어올랐다. 귓속 멀리서, '요놈의 자식들이 또 남의 밤나무에 올라가는구나.' 하는 혹부리 할아버지의 고함 소리가 들려왔다. 그 혹부리 할아버지도 그새 세상을 떠났는가, 몇 사람 만난 동네 늙은이 가운데 뵈지 않았다.

성삼이는 밤나무를 안은 채 잠시 푸른 가을 하늘을 쳐다보았다. 흔들지도 않은 밤나무 가지에서 남은 밤송이가 저 혼자 **아람***이 벌어 떨어져 내렸다. 임시 치안대 사무소 로 쓰고 있는 집 앞에 이르니, 웬 청년 하나가 **포승***에 꽁꽁 묶이어 있다.

이 마을에서 처음 보다시피 하는 젊은이라, 가까이 가 얼굴을 들여다보았다. 깜짝 놀랐다. 바로, 어려서 단짝 동무였던 덕재가 아니냐.

천태에서 같이 온 치안 대원에게 어찌 된 일이냐고 물었다. **농민 동맹*** 부위원장을 지낸 놈인데, 지금 자기 집에 잠복해 있는 걸 붙들어 왔다는 것이다.

성삼이는 거기 봉당 위에 앉아 담배를 피워 물었다.

덕재는 청단까지 호송하기로 되었다. 치안 대원 청년 하나가 데리고 가기로 됐다.

성삼이는 다 탄 담배꽁초에서 새로 담뱃불을 댕겨 가지고 일어섰다.

"이 자식은 내가 데리고 가지요."

덕재는 한결같이 외면한 채 성삼이 쪽은 보려고도 하지 않았다.

<전개> 동구 밖을 벗어났다.

성삼이는 연거푸 담배만 피웠다. 담배 맛을 몰랐다. 그저 연기만 기껏 빨았다 내뿜곤 했다. 그러다가 문득, 이 덕재 녀석도 담배 생각이 나려니 하는 생각이 들었다. 어려서 어른들 몰래 담 모퉁이에서 호박잎 담배를 나눠 피우던 생각이 났다. 그러나 오늘 이깟놈에게 담배를 권하다니 될 말이냐?

한번은 어려서 덕재와 같이 혹부리 할아버지네 밤을 훔치러 간 일이 있었다. 성삼이가 나무에 올라갈 차례였다. 별안간 혹부리 할아버지의 고함 소리가 들려왔다. 나무에서 미끄러져 떨어졌다. 엉덩이가 밤송이에 찔렸다. 그러나 그냥 달렸다. 혹부리 할아버지가 못 따라올 만큼 멀리 가서야 덕재에게 엉덩이를 돌려댔다. 밤 가시 빼내는 게 더 따끔거리고 아팠다. 절로 눈물이 찔끔거려졌다. 덕재가 불쑥 자기 밤을 한 줌 꺼내어 성삼이 호주머니에 넣어 주었다.

성삼이는 새로 불을 댕겨 문 담배를 집어 내던졌다. 그러고는 이 덕재 자식을 데리고 가는 동안 다시 담배를 붙여 물지 않으리라 마음 먹는다.

<위기> 고갯길에 다다랐다. 이 고개는 해방 전전 해, 성삼이가 삼팔 이남 천태 부근으로 이사 가기까지 덕재와 더불어 늘 꼴 베러 넘나들던 고개다.

성삼이는 와락 저도 모를 화가 치밀어, 고함을 질렀다.

"이 자식아, 그동안 사람을 몇이나 죽였냐?"

그제야 덕재가 힐끗 이쪽을 쳐다보더니, 다시 고개를 거둔다.

"이 자식아, 사람 몇이나 죽였어?"

덕재가 다시 이리로 고개를 돌린다. 그러고는 성삼이를 쏘아본다. 그 눈이 점점 빛을 더해 가며, 제법 수염발 잡힌 입언저리가 실룩거리더니,

"그래, 너는 사람을 그렇게 죽여 봤니?"

이 자식이! 그러면서도 성삼이의 가슴 한복판이 환해짐을 느낀다. 막혔던 무엇이 풀려 내리는 것만 같은. 그러나

"농민 동맹 부위원장쯤 지낸 놈이 왜 피하지 않고 있었어? 필시 무슨

사명을 띠구 잠복해 있은 거지?"

덕재는 말이 없다.

"바른 대루 말해라. 무슨 사명을 띠구 숨어 있었냐?"

덕재는 그냥 잠잠히 걷기만 한다. 역시 이 자식 속이 꿀리는 모양이구나. 이런 때 한 번 낯짝을 봤으면 좋겠는데, 외면한 채 다시는 고개를 돌리지 않는다.

성삼이는 허리에 찬 권총을 잡으며,

"**발명(發明)***은 소용없다, 영락없이 넌 총살감이니까. 그저 여기서 바른 대로 말이나 해 봐라."

덕재는 그냥 외면한 채,

"발명은 하려구도 않는다. 내가 제일 빈농의 자식인데다가 **근농군***이라구 해서 농민 동맹 부위원장이 됐던 게 죽을 죄라면 하는 수 없는 거구, 나는 예나 이제나 땅 파먹는 재주밖에 없는 사람이다."

그리고 잠시 사이를 두어,

"지금 집에 아버지가 앓아누웠다. 벌써 한 반 년 된다."

덕재 아버지는 홀아비로 덕재 하나만 데리고 늙어 오는 빈농군이었다. 칠 년 전에 벌써 허리가 굽고 **검버섯***이 돋은 얼굴이었다.

"장가 안 들었냐?"

잠시 후에,

"들었다."

"누구와?"

"꼬맹이와."

아니, 꼬맹이와? 거 재미있다. 하늘 높은 줄은 모르고 땅 넓은 줄만 알아, 키가 작고 똥똥하기만한 꼬맹이, 무던히 새침데기였다. 그것이 얄미워서 덕재와 자기가 번번히 놀려서 울려 주곤 했다. 그 꼬맹이한테 덕재가 장가를 들었다는 것이다.

"그래, 애가 몇이나 되나?"

"이 가을에 첫애를 낳는대나."

성삼이는 그만 저도 모르게 터져 나오려는 웃음을 겨우 참았다. 제 입으로 애가 몇이나 되느냐 묻고서도, 이 가을에 첫애를 낳게 됐다는 말을

<어휘정리>

***발명(發明)** : 죄나 잘못이 없음을 말하여 밝힘. 또는 그런 말.

***근농군** : 부지런히 농사를 짓는 일꾼.

***검버섯** : 주로 노인의 살갗에 생기는 거무스름한 얼룩.

들고는 우스워 못 견디겠는 것이다. 그러지 않아도 작은 몸에 큰 배를 한 아름 안고 있을 꼬맹이, 그러나 이런 때 그런 일로 웃거나 농담을 할 처지가 아니라는 걸 깨달으며,

"하여튼 네가 피하지 않구 남아 있는 건 수상하지 않아?"

"나두 피하려구 했었어. 이번에 이남서 쳐들어오믄 사내란 사낸 모조리 잡아 죽인다구, 열일곱에서 마흔 살까지의 남자는 강제루 북으루 이동하게 됐었어. 할 수 없이 나두 아버질 업구라두 피난 갈까 했지. 그랬더니 아버지가 안 된다는 거야. 농사꾼이, 다 지어놓은 농살 내버려 두구 어딜 간단 말이냐구. 그래, 나만 믿구 농사일루 늙으신 아버지의 마지막 눈이나마 내 손으로 감겨 드려야겠구, 사실 우리같이 땅이나 파먹는 것이 피난 간댔자 별수 있는 것두 아니구……."

지난 유월달에는 성삼이 편에서 피난을 갔었다. 밤에 몰래 아버지더러 피난 갈 이야기를 했다. 그때 성삼이 아버지도 같은 말을 했다. 농사꾼이 농사일을 늘어놓구 어디루 피난 간단 말이냐. 성삼이 혼자서 피난을 갔다. 남쪽 어느 낯선 거리와 촌락을 헤매 다니면서 언제나 머리에서 떠나지 않는 건 늙은 부모와 어린 처자에게 맡기고 나온 농사일이었다. 다행히 그때나 이제나 자기네 식구들은 몸 성히들 있다.

<절정> 고갯마루 를 넘었다. 어느새 이번에는 성삼이 편에서 외면을 하고 걷고 있었다. 가을 햇볕이 자꾸 이마에 따가왔다. 참, 오늘 같은 날은 타작하기에 꼭 알맞은 날이라고 생각했다.

고개를 다 내려온 곳에서 성삼이는 주춤 발걸음을 멈추었다.

저쪽 벌 한가운데 흰 옷을 입은 사람들이 허리를 굽히고 섰는 것 같은 것은 틀림없는 학 떼였다. 소위 삼팔선 **완충 지대***가 되었던 이곳, 사람이 살고 있지 않은 그동안에도 이들 학들만은 전대로 살고 있는 것이다.

지난날, 성삼이와 덕재가 아직 열두어 살쯤 났을 때 일이었다. 어른들 몰래 둘이서 올가미를 놓아 여기 학 한 마리를 잡은 일이 있었다. 단정학이었다. **새끼***로 날개까지 얽어매 놓고는 매일같이 둘이서 나와 학의 목을 쓸어안는다, 등에 올라탄다, 야단을 했다. 그러한 어느 날이었다. 동네 어른들이 수군거리는 소리를 들었다. 서울서 누가 학을 쏘러 왔다는 것이다. 무슨 **표본***인가를 만들기 위해서 **총독부***의 허가까지 맡아 가지고 왔다는 것이다. 그 길로 둘이는 벌로 내달렸다. 이제는 어른들한테 들켜 꾸지람 듣는 것 같은 건 문제가 아니었다. 그저 자기네의 학이 죽어서는 안 된다는 생각뿐이었다. 숨 돌릴 겨를도 없이 잡풀 새를 기어 학 발목의 올가미를 풀고 날개의 새끼를 끌렀다. 그런데 학은 잘 걷지도 못하는 것이다. 그동안 얽매여 시달린 탓이리라. 둘이서 학을 마주 안아 공중에 **후쳤다***. 별안간 총소리가 들렸다. 학이 두서너 번 날개짓을 하다가 그대로 내려왔다. 맞았구나. 그러나 다음 순간, 바로 옆 풀숲에서 펄럭 단정학 한 마리가 날개를 펴자, 땅에 내려앉았던 자기네 학도 긴 목을 뽑아 한 번 울음을 울더니 그대로 공중에 날아올라, 두 소년의 머리 위에 둥그러미를 그리며 저쪽 멀리로 날아가 버리는 것이었다. 두 소년은 언제까지나 자기네 학이 사라진 푸른 하늘에서 눈을 뗄 줄을 몰랐다.

<**결말**> "애, 우리 학 사냥이나 한번 하구 가자."
성삼이가 불쑥 이런 말을 했다.
덕재는 무슨 영문인지 몰라 어리둥절해 있는데,
"내 이걸루 올가미를 만들어 놓게, 너 학을 몰아 오너라."
포승줄을 풀어 쥐더니, 어느새 성삼이는 잡풀 새로 기는 걸음을 쳤다.
대번 덕재의 얼굴에서 핏기가 걷혔다. 좀 전에, 너는 총살감이라던 말이 퍼뜩 머리를 스치고 지나갔다. 이제 성삼이가 기어가는 쪽 어디서 총알이 날아오리라.
저만치서 성삼이가 홱 고개를 돌렸다.
"어이, 왜 **멍추*** 같이 섰는 거야? 어서 학이나 몰아 오너라."
그제서야 덕재도 무엇을 깨달은 듯, 잡풀 새를 기기 시작했다.
때마침 단정학 두세 마리가 높푸른 가을 하늘에 큰 날개를 펴고 유유히 날고 있었다.

① 인물 • 성삼:

• 덕재:

② 사건　• 이 글에 드러난 갈등은 무엇인가? 갈등이 장소의 이동에 따라 어떻게 나타나고 있는가?

　　　　• 이 글의 끝 부분에 단정학이 유유히 나는 모습은 무엇을 의미하는가?

③ 배경　• 이 글의 시대적 배경은?

④ 시점　• 누구의 시점으로 말하고 있는가?

⑤ 주제　• 이 글을 통해 작가가 하고자 하는 이야기는 무엇인가?

1-4. 다음 글을 읽고 물음에 답하시오.

|||| 확인문제

(가) 고갯길에 다다랐다. 이 고개는 해방 전전 해, 성삼이가 삼팔 이남 천태 부근으로 이사 가기까지 덕재와 더불어 늘 꼴 베러 넘나들던 고개다.

성삼이는 와락 저도 모를 화가 치밀어, 고함을 질렀다.

"이 자식아, 그동안 사람을 몇이나 죽였냐?"

그제야 덕재가 힐끗 이쪽을 쳐다보더니, 다시 고개를 거둔다.

"이 자식아, 사람 몇이나 죽였어?"

덕재가 다시 이리로 고개를 돌린다. 그러고는 성삼이를 쏘아본다. 그 눈이 점점 빛을 더해 가며, 제법 수염발 잡힌 입언저리가 실룩거리더니,

"그래, 너는 사람을 그렇게 죽여 봤니?"

이 자식! ㉠**그러면서도 성삼이의 가슴 한복판이 환해짐을 느낀다**. 막혔던 무엇이 풀려 내리는 것만 같은.

(나) ㉡**고개를 다 내려온 곳**에서 성삼이는 주춤 발걸음을 멈추었다.

저쪽 벌 한가운데 흰 옷을 입은 사람들이 허리를 굽히고 섰는 것 같은 것은 틀림없는 학 떼였다. 소위 삼팔선 완충 지대가 되었던 이곳, 사람이 살고 있지 않은 그 동안에도 이들 학들만은 전대로 살고 있는 것이다.

지난날, 성삼이와 덕재가 아직 열두어 살쯤 났을 때 일이었다. 어른들 몰래 둘이서 올가미를 놓아 여기 학 한 마리를 잡은 일이 있었다. 단정학이었다.

(다) ㉢**"얘, 우리 학 사냥이나 한번 하구 가자."**

성삼이가 불쑥 이런 말을 했다.

덕재는 무슨 영문인지 몰라 어리둥절해 있는데,

"내 이걸루 올가미를 만들어 놓게, 너 학을 몰아 오너라."

포승줄을 풀어 쥐더니, 어느새 성삼이는 잡풀 새로 기는 걸음을 쳤다.

대번 덕재의 얼굴에서 핏기가 걷혔다. 좀 전에, 너는 총살감이라던 말이 퍼뜩 머리를 스치고 지나갔다. 이제 성삼이가 기어가는 쪽 어디서 총알이 날아오리라.

저만치서 성삼이가 홱 고개를 돌렸다.

"어이, 왜 멍추같이 섰는 거야? 어서 학이나 몰아오너라."

그제서야 덕재도 무엇을 깨달은 듯, 잡풀 새를 기기 시작했다.

때마침 단정학 두세 마리가 높푸른 가을 하늘에 큰 날개를 펴고 유유히 날고 있었다.

01. 이 글을 통해 말하려는 작가의 중심생각은?

① 전쟁의 참상을 모두 알아야 한다.

② 전쟁은 친구도 형제도 대립하게 만든다.

③ 우리나라의 현실을 정확히 파악해야 한다.

④ 갈등과 대립을 우정과 인간애로 극복한다.

⑤ 친구 간에 소중한 것은 어린 시절 추억이다.

02. 글 (가)의 밑줄 그은 ㉠의 이유를 가장 잘 말한 것은?

① 덕재를 처벌할 방법이 생각나서

② 덕재의 확실한 죄명을 찾았으므로

③ 성삼이 자신은 아무 잘못이 없기 때문에

④ 성삼이의 내적 갈등이 완전히 해결되었으므로

⑤ 덕재가 함부로 사람을 죽이지 않았음을 확인해서

03. 이 글의 전개 과정으로 볼 때, 글 (나)의 ㉡은 글의 사건 전개와 어떤 관련이 있는가?

① 갈등의 시작   ② 위기감 형성   ③ 갈등의 고조   ④ 갈등의 최고조   ⑤ 갈등의 해소

04. 글 (다)의 ㉢에 나타난 성삼이의 마음을 가장 잘 이해한 것은?

① 다시 한 번 덕재에게 이겨보고 싶다.
② 덕재가 잘못을 깨달았는지 시험해보려 한다.
③ 학 사냥 놀이를 핑계로 덕재를 풀어주려 한다.
④ 아직 둘 사이의 갈등이 대립되어 있음을 말한다.
⑤ 어린 시절의 추억이 되살아나 그 시절로 돌아가고 싶다.

5-6. 다음 글을 읽고 물음에 답하시오.

|||| 확인문제

(가) ㉠동구 밖을 벗어났다. 성삼이는 연거푸 담배만 피웠다. 담배 맛을 몰랐다. 그저 연기만 기껏 빨았다 내뿜곤 했다. 그러다가 문득, 이 덕재 녀석도 담배 생각이 나려니 하는 생각이 들었다. 어려서 어른들 몰래 담 모퉁이에서 호박잎 담배를 나눠 피우던 생각이 났다.

(나) ㉡고갯길에 다다랐다. 이 고개는 해방 진진해, 성삼이가 삼팔 이남 천태 부근으로 이사 가기까지 덕재와 더불어 늘 꼴 베리 넘나들던 고개다. 성삼이는 와락 저도 모를 화가 치밀어, 고함을 질렀다.

"이 자식아, 그동안 사람을 몇이나 죽였냐?"

그제야 덕재가 힐끗 이쪽을 쳐다보더니, 다시 고개를 거둔다. / "이 자식아, 사람 몇이나 죽였어?"

덕재가 다시 이리로 고개를 돌린다. 그러고는 성삼이를 쏘아본다. 그 눈이 점점 빛을 더해 가며, 제법 수염발 잡힌 입언저리가 실룩거리더니,

㉢"그래, 너는 사람을 그렇게 죽여 봤니?"

(다) 지난날, 성삼이와 덕재가 아직 열두어 살쯤 났을 때 일이었다. 어른들 몰래 둘이서 올가미를 놓아 여기 학 한 마리를 잡은 일이 있었다. 단정학이었다. 새끼로 날개까지 얽어매 놓고는 매일같이 둘이서 나와 학의 목을 쓸어안는다, 등에 올라탄다, 야단을 했다. 그러한 어느 날이었다. 동네 어른들이 수군거리는 소리를 들었다. 서울서 누가 학을 쏘러왔다는 것이다. 무슨 표본인가를 만들기 위해서 총독부의 허가까지 맡아 가지고 왔다는 것이다. 그 길로 둘이는 벌로 내달렸다. 이제는 어른들한테 들켜 꾸지람 듣는 것 같은 건 문제가 아니었다. 그저 자기네의 학이 죽어서는 안 된다는 생각뿐이었다.

(라) "얘, 우리 학 사냥이나 한번 하구 가자."

성삼이가 불쑥 이런 말을 했다. 덕재는 무슨 영문인지 몰라 어리둥절해 있는데,

"내 이걸루 올가미를 만들어 놓게, 너 학을 몰아오너라."

포승줄을 풀어 쥐더니, 어느새 성삼이는 잡풀 새로 기는 걸음을 쳤다. 대번 덕재의 얼굴에서 핏기가 걷혔다. 좀 전에, 너는 충실감이라던 말이 퍼뜩 머리를 스치고 지나갔다. 이제 성삼이가 기어가는 쪽 어디서 총알이 날아오리라. 저만치서 성삼이가 홱 고개를 돌렸다.

"어이, 왜 멍추같이 섰는 거야? 어서 학이나 몰아 오너라."

그제서야 덕재도 무엇을 깨달은 듯, 잡풀 새를 기기 시작했다. 때마침 단정학 두세 마리가 높푸른 가을 하늘에 큰 날개를 펴고 유유히 날고 있었다.

05. 다음 글에 대한 설명으로 옳지 <u>않은</u> 것은?

① 줄친 ㉠㉡을 보면 공간의 이동에 따라 갈등의 전개가 나타난다.
② 이념의 대립으로 고통 받는 두 젊은이를 통해 전쟁의 비극을 주제로 다루고 있다.
③ (가)에는 성삼이가 내적 갈등을 겪는 모습이 간접적으로 드러나 있다.
④ (나)에서는 성삼이가 신문조로 덕재에게 따지고 있다.
⑤ 과거 회상 부분을 삽입하여 성삼이가 갈등을 해소하도록 돕는다.

06. (나)글의 줄친 ㉢ 뒤에 이어질 성삼이의 심리로 가장 적절한 것은?

① 착잡함 　　② 안도감 　　③ 서운함 　　④ 분노 　　⑤ 절망감

7-9. 다음 글을 읽고 물음에 답하시오.

|||| 확인문제

(가) 어쩌다 만나는 늙은이는 담뱃대부터 뒤로 돌렸다. 아이들은 또 아이들대로 멀찌감치 미리 길을 비켰다. 모두 겁에 질린 얼굴들이었다.

동네 전체로는 이번 동란에 깨어진 자국이라곤 별로 없었다. ㉠그러나 어쩐지 자기가 어려서 자란 옛 마을은 아닌 성싶었다.

(나) 한번은 어려서 덕재와 같이 혹부리 할아버지네 밤을 훔치러 간 일이 있었다. 성삼이가 나무에 올라갈 차례였다. 별안간 혹부리 할아버지의 고함 소리가 들려왔다. 나무에서 미끄러져 떨어졌다. 엉덩이가 밤송이에 찔렸다. 그러나 그냥 달렸다. 혹부리 할아버지가 못 따라올 만큼 멀리 가서야 덕재에게 엉덩이를 돌려댔다. 밤 가시 빼내는 게 더 따끔거리고 아팠다. 절로 눈물이 찔끔거려졌다. 덕재가 불쑥 자기 밤을 한 줌 꺼내어 성삼이 호주머니에 넣어 주었다.

(다) 고갯길에 다다랐다. 이 고개는 해방 전전 해, 성삼이가 삼팔 이남 천태 부근으로 이사 가기까지 덕재와 더불어 늘 꼴 베러 넘나들던 고개다.

성삼이는 와락 저도 모를 화가 치밀어, 고함을 질렀다.

"이 자식아, 그동안 사람을 몇이나 죽였냐?"

그제야 덕재가 힐끗 이쪽을 쳐다보더니, 다시 고개를 거둔다.

"이 자식아, 사람 몇이나 죽였어?"

덕재가 다시 이리로 고개를 돌린다. 그러고는 성삼이를 쏘아본다. 그 눈이 점점 빛을 더해 가며, 제법 수염발 잡힌 입언저리가 실룩거리더니,

"그래, 너는 사람을 그렇게 죽여 봤니?"

이 자식이! 그러면서도 성삼이의 가슴 한복판이 환해짐을 느낀다. 막혔던 무엇이 풀려 내리는 것만 같은.

포승줄을 풀어 쥐더니, 어느새 성삼이는 잡풀 새로 기는 걸음을 쳤다. 대번 덕재의 얼굴에서 핏기가 걷혔다. 좀 전에, 너는 총살감이라던 말이 퍼뜩 머리를 스치고 지나갔다. 이제 성삼이가 기어가는 쪽 어디서 총알이 날아오리라.

저만치서 성삼이가 획 고개를 돌렸다.

"어이, 왜 멍추같이 섰는 거야? 어서 학이나 몰아 오너라."

그제서야 덕재도 무엇을 깨달은 듯, 잡풀 새를 기기 시작했다. 때마침 단정학 두세 마리가 높푸른 가을 하늘에 큰 날개를 펴고 유유히 날고 있었다.

---

07. ㉠과 비슷한 심리 상태를 느낄 수 있는 것은?

① 얼굴 하나야 손바닥 둘로 폭 가리지만 //

　　보고픈 마음 호수만 하니 눈감을 밖에 −정지용 〈호수〉

② 벚꽃 지는 걸 보니 / 푸른 솔이 좋아.

　　푸른 솔 좋아하다 보니 / 벚꽃마저 좋아. −김지하 〈새봄〉

③ 고향에 고향에 돌아와도 / 그리던 고향은 아니러뇨// 산꿩

　이 알을 품고 / 뻐꾸기 제철에 울건만// 마음은 제고향 지

　니지 않고 / 머언 항구로 떠도는 구름 −정지용 〈고향〉

④ 비 오자 장독간에 / 봉선화 반만 벌어

　해마다 피는 꽃을 / 나만 두고 볼 것인가

　세세한 사연을 적어 / 누님께로 보내자. −김상옥 〈봉선화〉

⑤ 물바가지 떠 담던 접동새 소리 별 그림자

　그 물로 쌀을 씻어 밥 짓던 냄새 나면

　굴뚝 가까이 내려오던

　밥티처럼 따스한 별들이 뜬 마을을 지난다. //

　사람이 순하게 사는지 별들이 참 많이 떴다. −도종환 〈어떤 마을〉

08. 다음 글에 대한 감상으로 적절하지 <u>않은</u> 것은?

① 시간의 흐름에 따라 순차적으로 이야기가 전개된다.

② 평화로운 유년 시절과 이념의 대립이라는 현실을 대비시키고 있다.

③ 이념과는 무관한 선량한 인물을 통해 작가의 인간애를 잘 표현하고 있다.

④ 단짝 동무를 이념의 대립을 대변하는 관계로 설정하여 극적인 효과를 더하고 있다.

⑤ 이 글의 공간적 배경인 삼팔 접경의 마을은 우리 민족의 비극을 압축적으로 잘 드러내는 공간이다.

9-13. 다음 글을 읽고 물음에 답하시오.

|||| 확인문제

(가) 삼팔 접경의 이 북쪽 마을은 드높이 개인 가을하늘 아래 한껏 고즈넉했다. 주인 없는 집 봉당에 흰 박통만이 흰 박통만을 의지하고 굴러 있었다. 어쩌다 만나는 늙은이는 담뱃대부터 뒤로 돌렸다. 아이들은 또 아이들대로 멀찌감치서 미리 길을 비켰다. 모두 겁에 질린 얼굴들이었다.

동네 전체로는 이번 동란에 깨어진 자국이라곤 별로 없었다. 그러나 ⊙어쩐지 자기가 어려서 자란 옛 마을은 아닌 성싶었다. (중략)

임시 치안대 사무소로 쓰고 있는 집 앞에 이르니, 웬 청년 하나가 포승에 묶이어 있다. 이 마을에

서 처음 보다시피하는 젊은이라, 가까이 가 얼굴을 들여다보았다. 깜짝 놀랐다. 바로 어려서 단짝 동무였던 덕재가 아니냐. (중략) ⓛ성삼이는 연거푸 담배만 피웠다. 담배맛은 몰랐다. 그저 연기만 기껏 빨았다 내뿜곤 했다. 그러다가 문득 이 덕재 녀석도 담배 생각이 나려니 하는 생각이 들었다. 어려서 어른들 몰래 담 모퉁이에서 호박잎 담배를 나눠 피우던 생각이 났다. 그러나 오늘 이놈에게 담배를 권하다니 될 말이냐?

(나) 한번은 어려서 덕재와 같이 혹부리할아버지네 밤을 훔치러 간 일이 있었다. 성삼이가 나무에 올라갈 차례였다. 별안간 혹부리할아버지의 고함소리가 들려 왔다. 나무에서 미끄러져 떨어졌다. 엉덩이에 밤송이가 찔렸다. 그러나 그냥 달렸다. 혹부리할아버지가 못 따라올 만큼 멀리 가서야 절로 눈물이 질끔거려졌다. 덕재가 불쑥 자기 밤을 한 줌 꺼내어 성심이 호주머니에 넣어 주었다

(다) ⓒ성삼이는 허리에 찬 권총을 잡으며,

"발명(發明)은 소용없다. 영락없이 넌 총살감이니까. 그저 여기서 바른 대로 말이나 해 봐라."

덕재는 그냥 외면한 채.

"발명은 하려구두 않는다. 내가 제일 빈농의 자식인데다가 근농꾼이라구 해서 농민동맹 부위원장 됐든 게 죽을 죄라면 하는 수 없는 거구, 나는 예나 이제나 땅 파먹는 재주밖에 없는 사람이다."(중략) "장가 안 들었냐?" / 잠시 후에, "들었다." "누구와?" / "꼬맹이와."

아니, 꼬맹이와? 거 재미있다. 하늘 높은 줄은 모르고 땅 넓은 줄만 알아. 키가 작고 똥똥하기만 한 꼬맹이. 무던히 새침데기였다. 그것이 얄미워서 덕재와 자기가 번번히 놀려서 울려 주곤 했다. 그 꼬맹이한테 덕재가 장가를 들었다는 것이다.

(라) 고갯마루를 넘었다. 어느 새 이번에는 성삼이 편에서 외면을 하고 걷고 있었다. 가을 햇볕이 자꾸 이마에 따가웠다. 참 오늘 같은 날은 타작하기에 꼭 알맞은 날씨라고 생각했다.

고개를 다 내려온 곳에서 성삼이는 주춤 발걸음을 멈추었다.

저쪽 벌 한가운데 ⓓ흰 옷을 입은 사람들이 허리를 굽히고 섰는 것 같은 것은 틀림없는 학떼였다. 소위 ⓔ삼팔선 완충지대가 되었던 이곳. 사람이 살고 있지 않은 그 동안에도 이들 학들만은 전대로 살고 있은 것이었다.

(마) 지난날 성삼이와 덕재가 아직 열두어 살쯤 났을 때 일이었다. 어른들 몰래 둘이서 올가미를 놓아 여기 학 한 마리를 잡은 일이 있었다. 어른들 몰래 둘이서 올가미를 놓아 여기 학 한 마리를 잡은 일이 있었다. 단정 학이었다. (중략) 동네 어른들의 수군거리는 소리를 들었다. 서울서 누가 학을 쏘러 왔다는 것이다. 무슨 표본인가를 만들기 위해서 총독부의 허가까지 맡아 가지고 왔다는 것이다. 그 길로 둘이는 벌로 내달렸다. (중략) 둘이서 학을 마주 안아 공중에 후쳤다. (중략) 두 소년은 언제까지나 자기네 학이 사라진 푸른 하늘에서 눈을 뗄 줄을 몰랐다.

(바) "애, 우리 학사냥이나 한번 하구 가자.

성삼이가 불쑥 이런 말을 했다.

덕재는 무슨 영문인지 몰라 어리둥절해 있는데,

"내 이걸루 올가밀 만들어 놀께 너 학을 몰아오너라."

포승줄을 풀어 쥐더니, 어느 새 잡풀 새로 기는 걸음을 쳤다. 대번 덕재의 얼굴에서 핏기가 걷혔다. 좀 전에, 너는 총살감이라던 말이 퍼뜩 머리를 스치고 지나갔다. 이제 성삼이가 기어가는 쪽 어디서 총알이 날아오리라.

저만치서 성삼이가 홱 고개를 돌렸다.

"어이, 왜 멍추같이 서 있는 게야? 어서 학이나 몰아 오너라."

그제서야 덕재도 무엇을 깨달은 듯 잡풀 새를 기기 시작했다.

ⓐ때마침 단정학 두세 마리가 높푸른 가을하늘에 곧 날개를 펴고 유유히 날고 있었다.

---

09. 위 글의 밑줄 친 ㉠~㉤에 대한 설명으로 옳지 <u>않은</u> 것은?

① ㉠ 전쟁으로 인해 파괴된 흔적은 별로 없지만 마을 사람들의 겁에 질린 얼굴들이 낯설었기 때문이다.

② ㉡ 담배를 피우는 행위에 어릴 적 친구인 덕재를 호송해야 하는 성삼이의 괴로움이 나타나 있다.

③ ㉢ 권총은 갈등이 고조됨을 보여주는 소재로 쓰였다.

④ ㉣ 우리 민족이 아직까지 삼팔선 근처에 살고 있었음을 보여준다.

⑤ ㉤ 삼팔선 완충지대는 남북으로 갈린 민족의 상처를 보여주기 위해 배경으로 설정되었다.

---

10. 친구 사이인 성삼과 덕재를 남북을 대표하는 대립 관계로 설정한 효과로 적절하지 <u>않은</u> 것은?

① 민족의 비극적인 갈등을 극단적으로 보여줄 수 있다.

② 우정을 회복하게 해 주는 둘만의 추억을 설정할 수 있다.

③ 이념의 대립은 우정으로도 극복하기 어렵다는 것을 보여준다.

④ 원래는 함께 힘을 모았던 한 민족이었음을 강조할 수 있다.

⑤ 독자로 하여금 둘의 화해 및 갈등 해소를 더욱 기대하게 만든다.

11. (바)에서 인물들이 했을 생각으로 옳지 <u>않은</u> 것은?

① 성삼 : 내 친구 덕재를 끌고 갈 순 없어, 덕재도 기억할까? 예전의 우리의 추억, 학 사냥을……

② 덕재 : 학 사냥을 핑계로 날 죽이려는 셈이구나.

③ 성삼 : 포승줄을 풀어주고 내가 학을 몰 때 덕재가 먼저 가버리면 어쩌지?

④ 덕재 : 아, 성삼아 녀석이 나를 풀어주려는 거구나. 고맙다, 성삼아.

⑤ 성삼 : 적을 풀어준 셈이니 이제 나에게 위험이 닥칠 수도 있겠구나. 하지만 우정이 더 소중해.

12. (바)의 밑줄 친 ⓐ가 상징하는 바를 서술하시오.

13. 위 글을 읽고 대화한 내용으로 옳지 <u>않은</u> 것은?

① 승일 : 오늘날은 휴전 중인데 당시에는 전쟁 중이었군.

② 소연 : 소설에서는 학 사냥 놀이로 대립과 갈등을 해결했는데 요즘엔 어떤 방법으로 갈등을 해결할 수 있을까?

③ 호건 : 스포츠 단일팀을 만들어서 올림픽에 참가하면 남북화합을 이룰 수 있을 것 같아.

④ 경미 : 쌀을 지원해주면 어때? 우리가 북한보다 경제적으로 여유롭다는 걸 보여주면 우리에게 호감을 갖게 될 거야.

⑤ 윤정 : 맞아. 서로 가까워지기 위한 노력이 필요해. 얼마 전 이산가족 상봉을 했을 때 남과 북이 가까워진 느낌이었어.

03

논설문, 설명문 이해하기

개념 정리 ..

01 :: 설명문

1. 설명문의 이해

1) 뜻

어떤 대상에 대한 지식이나 정보를 독자들이 잘 이해할 수 있도록 쉽게 풀어서 쓴 글이다.

2) 특징

( )	글쓴이의 주관적인 생각이나 의견을 되도록 배제하고 객관적인 입장에서 서술한다.
( )	독자가 이해하기 쉽도록 간결하고 쉬운 문장을 사용한다.
( )	일정한 순서에 따라 짜임새 있게 체계적으로 내용을 전달한다.
( )	정확한 지식이나 정보를 사실에 근거하여 전달한다.
( )	전달하려는 정보를 분명하고 간결하게 표현한다.

3) 구성

처음 ( )	설명 대상, 글을 쓴 동기, 목적 등을 밝혀 독자의 관심을 유발함.
중간 ( )	여러 가지 설명 방법을 활용하여 대상을 구체적으로 설명함.
끝 ( )	설명한 내용을 요약정리하고 마무리함.

2. 설명방법

( )	설명하고자 하는 대상의 의미를 밝히는 방법
( )	설명하려는 대상에 해당하는 구체적이고 친근한 예를 제시하는 방법
( )	둘 이상의 대상이나 현상에 대해 공통점, 유사점을 중심으로 밝히는 방법
( )	둘 이상의 대상이나 현상에 대해 차이점을 중심으로 밝히는 방법
( )	대상을 일정한 기준에 따라 나누거나 종류별로 묶어서 설명하는 방법
( )	어떤 대상을 부분이나 요소로 나누어 설명하는 방법
( )	어떤 일을 원인과 결과를 중심으로 설명하는 방법

3. 설명문 읽기 방법

① 글 속에 제시된 정보의 정확성과 객관성을 판단하며 읽는다.

② 새롭게 알게 된 정보나 더 알고 싶은 내용 등을 메모하며 읽는다.

③ 설명 방법을 파악하여 대상을 효과적으로 설명하고 있는지 판단하며 읽는다.

④ 글의 구조를 고려하여 중요한 정보를 중심으로 내용을 종합하고 재구성하며 읽는다.

○ 내용전개 방식 연습하기

음성은 소리이기 때문에 그 순간 그 장소에만 존재하고 곧바로 사라진다. 반면에 문자는 기록이기 때문에 오랜 기간 동안 보존이 가능하다.	( )
이해란 글속에 제시된 내용을 파악하고, 이를 더욱 확장하는 생각의 과정이라고 말할 수 있다.	( )
서은이는 계단에서 넘어져서 병원에 갔다.	( )
개미는 머리, 가슴, 배로 구성되어 있다.	( )
연극과 영화는 여러 예술이 종합되어 완성된다는 공통점을 찾을 수 있다.	( )
전기문은 사실을 바탕으로 한 글이지만, 소설은 상상력을 재구성한 글이다.	( )
소설은 길이에 따라 장편, 중편, 단편으로 나누어진다.	( )
컴퓨터는 본체, 모니터, 자판으로 이루어져있다.	( )

02 :: 논설문

1. 설명문의 이해

1) 뜻

자신의 주장을 논리적으로 펼쳐 독자를 설득하는 글

2) 특징

( )	글쓴이의 주관적인 주장이나 의견이 나타남.
( )	출처가 분명하고 신뢰할 수 있는 근거를 제시함.
( )	주장을 뒷받침하는 근거가 타당함.
( )	구성이 논리적이고 체계적임.
( )	표현이 명확하고 일관성이 있음.

3) 구성

① 서론

• 글을 쓴 동기나 목적을 밝힌다.

• 독자의 흥미를 유발한다.

• 문제를 제기한다.

② 본론

• 타당한 근거를 제시하며 주장을 밝힌다.

• 자신과 다른 의견에 대하여 논리적으로 반박한다.

③ 결론

• 본론의 내용을 [요약]하고 강조한다.

• 당부의 말이나 새로운 전망을 제시한다.

2. 논설문의 진술 방식

① 논증 : 논리적으로 이치를 따져 증명함.

② 예증

객관적인 자료를 이용하여 인용하거나 예를 들어 증명함.

03 설명문, 논설문 이해하기

③ 인용

다른 사람의 견해를 끌어와 주장을 뒷받침함.

3. 논설문과 설명문 비교

1) 논설문

① 목적 : 주장을 통해 독자를 설득함.

② 성격 : 설득적, 주관적, 논리적

③ 읽는 방법

* 글쓴이의 의도 파악하기

* 근거의 타당성 판단하기

2) 설명문

① 목적 : 정보를 전달하여 독자를 이해시킴

② 성격 : 객관적, 사실적

③ 읽는 방법

* 정보를 파악하고 이해하기

* 내용의 정확성과 객관성 판단하기

3) 논설문과 설명문의 공통점

* 체계적이고 실용적인 글임

* 사전적인언어를 사용함

IIIII **개념 확인**

01. 설명문의 특징으로 적절한 것은?

① 개인의 감정과 정서를 표현한다.

② 대상을 알기 쉽도록 자세하게 풀이해 준다.

③ 글쓴이의 개성과 가치관을 직접적으로 드러낸다.

④ 함축적인 표현으로 읽는 이에게 많은 생각을 하게 한다.

⑤ 독자를 설득하기 위해 글쓴이의 주장과 근거를 내세운다.

02. 이 글에서 읽는 이의 이해를 높이기 위해서 사용한 설명 방법은?

> 요리를 하는 인류에게 소금은 너무나 큰 축복이다. 소금은 요리를 할 때 간을 맞추는 기능뿐만 아니라 다양한 역할을 한다. 예를 들어 끈끈한 액을 분비해 먹을 때 불쾌감을 주는 문어나 전복에 소금을 뿌리고 점액 부분을 긁어내면 점액은 쉽게 없어진다. 이런 점액질은 단백질 성분인데 소금은 단백질을 굳게 하여 제거하기 쉽도록 해 주기 때문이다.

① 용어가 지닌 의미를 풀이하였다.　　② 내용에 대한 구체적인 예를 들었다.

③ 두 대상 사이의 차이점을 나열하였다.　　④ 두 대상 사이의 공통점을 나열하였다.

⑤ 대상을 이루고 있는 요소를 하나하나 나누었다.

03. 이 글의 ㉠과 같은 설명 방법은?

> 　대나무는 초여름에 잎갈이를 한다. **㉠잎갈이는 묵은 잎이 떨어진 자리에 꼬마 가지가 나오고, 그 끝에 새 잎이 펼쳐지는 것을 말한다**. 그런데 연두색의 댓잎이 노란색이나 붉은색으로 물들어 아주 조용히 떨어지기 때문에, 대나무 고장의 사람들도 댓잎이 언제 떨어지는지 모르는 수가 있다. 잎갈이는 죽순이 모두 돋은 뒤쯤에 시작하여 한 달 넘게 계속해서 천천히 이루어진다. 잎갈이를 한 새 댓잎은 윤기가 있고 반짝이며 아름다운 선녹색을 띠기 때문에, 이때의 대숲이 1년 중에서 가장 밝고 신선하게 보인다.

① 식물은 뿌리, 줄기, 잎으로 구성되어 있다.

② 말하기와 듣기는 모두 음성 언어를 통해 이루어진다.

③ 털을 이용하는 가축으로는 오리, 토끼, 양 등을 들 수 있다.

④ 씨름은 남성 위주의 놀이인 데 반해, 그네는 여성 위주의 놀이이다.

⑤ 사랑이란 어떤 사물이나 대상을 몹시 아끼고 귀중히 여기는 마음이다.

04. 다음 중 연결이 적절하지 <u>않은</u> 것은?

① 과일에는 사과, 배, 귤 등이 있다. - 예시

② 시계는 시침, 분침, 톱니바퀴 등으로 구성된다. - 분석

③ 문학이란 인간의 사상과 감정을 언어로 표현한 예술이다. -정의

④ 문학은 언어로 표현되는 예술이지만, 춤은 몸으로 표현되는 예술이다. - 비교

⑤ 말하기의 개인끼리 나누는 대화와 같은 사적 말하기와 회의, 토의, 토론과 같은 공적 말하기로 나눈다. - 분류

05. 설명문과 논설문의 공통점으로 알맞은 것은?

① 정보 전달이 목적이다.

② 느낌을 중심으로 쓴다.

③ 체계적인 짜임을 갖는다.

④ 독창적인 의견이 제시된다.

⑤ 타당한 근거를 바탕으로 한다.

06. 논설문의 특징으로 알맞은 것은?

① 독자에게 지식과 정보를 제공한다.

② 타당한 근거를 들어 글쓴이의 생각을 주장한다.

③ 글쓴이의 생각과 느낌을 함축적으로 표현한다.

④ 글쓴이의 체험이 담긴 글로, 교훈과 감동을 준다.

⑤ 독자에게 감동을 주기 위해 글쓴이의 상상력이 동원된다.

07. 다음 예문에서 글쓴이의 주장이 드러난 문장을 찾아, 첫 어절과 끝 어절을 쓰시오.

> 우리의 발효 식품은 과학적으로 매우 뛰어나다. 자반고등어에 쓰인 미생물은 보존과 맛 형성에 중요한 역할을 한다. 또한 김치는 장수 식품으로 인정받는다. 따라서 우리 전통 발효 식품의 가치와 우수성을 세계에 널리 알려야 한다.

08. 〈보기〉에서 의견을 제시하는 글을 <u>모두</u> 고르세요. (3개)

─────────────〈 보기 〉─────────────

| 건의문 | 소설 | 수필 | 연설문 | 보고서 | 선언문 |

09. 논설문을 읽을 때 유의할 점으로 알맞은 것은?

① 단어의 함축적 의미를 파악한다.

② 글쓴이의 모습을 상상하며 읽는다.

③ 글에 나타난 글쓴이의 개성을 파악한다.

④ 주장의 타당성과 근거의 신뢰성을 판단한다.

⑤ 육하원칙에 맞게 글이 쓰였는지 파악하며 읽는다.

O3 설명문, 논설문 이해하기

👑 풍속화가 인기를 끌게 된 2가지 이유는?

풍속화(風俗畵)란, 이름 그대로 '풍속'을 그린 그림을 말한다. 풍속은 옛날부터 한 사회에 이어져 내려오는 생활 습관을 뜻하므로, 풍속화는 인간이 살아가는 모든 생활 습관을 소재로 한 그림이라 할 수 있다.

한국의 풍속화는 고구려 고분 벽화에서부터 시작되었지만, 본격적인 발전이 이루어진 것은 조선 후기인 18~19세기에 이르러서였다. 조선 후기에 접어들면서 풍속화가 인기를 끌게 된 이유는 무엇일까? 그것은 당시의 사회 변화와 관계가 깊다.

조선 후기에는 상업이 발달하면서 평민들 가운데 부자들이 생겨났다. 부자 평민들은 부(富)를 과시하기 위해 집안을 그림으로 장식하고 싶어 했지만, 그윽한 풍경이 그려진 **산수화(山水畵)***를 양반들처럼 즐기기는 어려웠다. 그래서 자신들이 쉽게 이해할 수 있는 풍속화에 눈을 돌렸던 것이다. 또한 당시 조선에 널리 퍼져 있던 **실학사상***도 풍속화의 발전에 영향을 끼쳤다. 많은 사람들이 현실과 동떨어진 유교 대신 현재의 삶을 반영한 실학사상에 빠져들게 되었고, 실용적인 학문에 눈을 뜨게 된 결과 일상생활을 묘사한 풍속화가 크게 유행하게 된 것이다.

이와 같이 상업과 실학의 발달로 인기를 끌게 된 조선 후기의 풍속화는 **도화서(圖畵署)***의 화원들, 즉 직업 화가들인 김홍도, 김득신, 신윤복 등에 의해 꽃을 피우게 된다.

김홍도의 풍속화첩

조선 후기 최고의 풍속 화가로는 단연 김홍도를 꼽을 수 있다. 조선의 풍속화를 완성한 대가(大家)로 평가받고 있는 김홍도는 강한 개성과 독창성을 발휘해 일반 백성들의 풋풋한 정서가 살아 숨 쉬는 걸작4)들을 창조했다.

옆 그림의 제목은 '무동(舞童)'인데 '삼현육각(三絃六角)'이라고도 불린다. 삼현육각은 북, 장구, 두 개의 피리, 대금, 해금 등 여섯 악기가 한 팀을 이룬 연주를 말하는데, 순수 우리 악기로 구성된 조선의 오케스트라

<어휘정리>

***산수화(山水畵)** : 산과 물이 어우러진 자연의 아름다움을 그린 그림.

***실학사상** : 학문은 실생활에 이용할 수 있는 것이어야 한다는 사상.

***도화서(圖畵署)** : 조선시대에, 그림에 관한 일을 맡아보던 관아.

인 셈이다.

그림 속 소년은 삼현육각에 맞춰 덩실덩실 춤을 춘다. 절로 신명이 났는지 한 발로 무게중심을 잡고 다른 발은 들어 올린 채 두 팔을 휘휘 내젓는다. 연주자들도 제 흥에 겨워 어깨춤을 들썩이며 한껏 분위기를 돋운다.

이 그림의 독특한 점은 대담한 원형 구도를 택한 것이다. 김홍도는 관객의 시선을 그림 안으로 끌어들이기 위해 화면 한가운데를 텅 비운 다음 인물들을 가장자리에 둥글게 배치했다. 원형 구도 덕분에 관객은 음악과 춤이 어우러진 흥겨운 현장 한복판에 서 있는 듯한 느낌을 받게 된다.

'무동'은 "풍속화첩(風俗畵帖)"에 실린 작품 중의 하나이다. 공책만한 작은 크기에 비교적 값이 싼 **장지***로 되어 있는 김홍도의 "풍속화첩"에는 모두 25점의 그림이 실려 있다. 이 작은 화첩 속에 길쌈 잣는 여인들, **고누*** 놀이에 흠뻑 빠진 아이들, 씨름하는 남정네 등 갖가지 전통 놀이와 풍습이 생생하게 살아 있어, "풍속화첩"은 당시 조선 사람들의 다양한 생활상을 살펴보는 데 귀한 자료로 사용되고 있다.

김득신과 농촌의 일상

일반 백성들의 풋풋한 정서를 그림에 옮긴 김홍도의 "풍속화첩"은 후배 화가들에게 큰 영향을 미쳤다. 그 중 가장 직접적인 영향을 받은 화가는 김득신이다.

그는 김홍도를 너무나 흠모한 나머지 김홍도의 주제와 기법까지 그대로 흉내 냈다. 두 화가의 필법은 국화빵처럼 닮은꼴이어서 **낙관***이 없는 몇몇 그림은 누구의 그림인지 구별조차 힘들다. 김득신은 김홍도의 "풍속화첩"을 모방한 "긍재전신화첩(兢齋傳神畵帖)"을 만들었는데, '긍재'는 김득신의 호이다.

위 그림은 "긍재전신화첩"에 들어 있는 작품 중 하나로, 김득신의 개성이 가장 돋보이는 걸작으로 평가받는 '파적도(破寂圖)'이다.

나무에 붉은 꽃망울이 맺힌 따뜻한 봄날, 들고양이가 마당에서 한가롭게 놀고 있는 병아리 한 마리를 입에 물고 잽싸게 도망친다. 순식간에 새끼를 뺏긴 어미 닭은 깜짝 놀라 꼬꼬댁 홰를 치며 도둑고양이를 위협한

<어휘정리>
***장지** : 우리나라에서 만든 종이의 하나. 두껍고 질기며 질이 좋음.
***고누** : 땅이나 종이 위에 말밭을 그려 놓고 두 편으로 나누어 말을 많이 따거나 말 길을 막는 것을 다투는 놀이.
***낙관** : 글씨나 그림 따위에 작가가 자신의 이름이나 호(號)를 쓰고 도장을 찍는 일. 또는 그렇게 찍는 도장.

다. 어처구니없는 장면을 본 농부가 돗자리 짜는 일을 내팽개치고 황급히 담뱃대를 휘두르며 고양이를 뒤쫓는다. 그러나 마음이 발보다 앞선 탓일까? 농부는 그만 마루 아래로 굴러 떨어지고 만다. 볼품없이 나동그라진 남편을 보고 기겁을 한 아내가 찢어질 듯 비명을 지른다. 들고양이는 꼬리를 치켜세운 채 "어디 잡아 보렴." 하듯 뒤돌아보며 잔뜩 약을 올린다.

당황한 농부의 표정과 고소해하는 고양이의 익살스런 대비가 그림을 보는 사람들의 입가에 저절로 미소가 흐르게 한다. 한가한 봄날 농가의 적막을 깨며 벌어진 사건을 이토록 재미있게 묘사한 작품이 또 있을까? '파적도'는 김득신이 순간적인 상황 묘사에 뛰어난 대가라는 사실을 유감없이 보여 준다.

신윤복과 조선 여인들

김홍도와 김득신이 서민들의 일상생활을 그림의 주제로 선택한 반면, 신윤복은 주로 남녀 간의 애정, 풍류를 즐기는 양반들의 여가 생활, 기생들의 감추어진 세계를 묘사했다.

신윤복도 김홍도와 김득신처럼 풍속화첩을 만들었는데, "혜원풍속화첩(蕙園風俗畵帖)", "혜원전신첩(蕙園傳神帖)"이 바로 그것이다. 혜원의 풍속화첩에 실린 대부분의 그림에는 양반과 기생이 주인공으로 등장하며 남녀 간의 애정 표현이 두드러진다.

이 그림의 제목은 '월하정인(月下情人)'으로, 한밤중 은은한 초승달 달빛 아래 한 쌍의 연인이 사람들의 눈길을 피해 돌담 모퉁이에서 몰래 만나는 장면을 묘사한 것이다.

두 남녀는 유행에 앞장선 한양의 멋쟁이였던 듯 한껏 멋을 부렸는데 남자는 콧등과 뒤축을 옥색으로 장식한 가죽신을, 여자는 자주색 비단신을 신었다. 한편, 여자는 머리에 천을 썼는데 이 천은 처네라고 부르며, 조선 시대 여자들이 얼굴을 가리려고 머리에 뒤집어썼던 옷을 가리킨다.

그림에 적힌 글은 다음과 같다.

"달이 기울어 밤은 삼경인데, 두 남녀의 심정은 오직 두 사람만이 안다

(月沈沈夜三更兩人心事兩人知)."

  삼경은 요즈음 시각으로 밤 11시에서 새벽 1시 사이를 가리킨다. 윤리 도덕이 엄격하였던 조선 시대에 신윤복이 남녀가 연애하는 모습을 대담하게 표현한 것은 정말 놀라운 일이다.

  '월하정인'은 도시적인 세련미를 화려한 색채로 능숙하게 표현했다는 찬사를 받는 신윤복 화풍의 특징을 잘 보여 준다.

  김홍도와 김득신, 신윤복은 시대성, 기록성, 사실성, 해학성을 두루 갖춘 한국적인 풍속화를 제작한 공적으로 풍속화의 3대가라는 영예를 얻게 되었다. 아울러 세 화가는 조선 사람들의 다양한 삶과 놀이, 남녀 간의 애정을 각각 그림의 주제로 삼아 속된 풍속화를 예술적 품격을 지닌 회화로 발전시키는 데 결정적인 기여를 했다. 사대부 출신이 아닌 전문적인 직업 화가였던 이들 덕분에 천한 그림으로 멸시받던 풍속화는 조선 시대 대표적인 그림으로 인정받았고, 후세 사람들은 조선 시대의 생활상을 생생하게 이해할 수 있게 되었다.

👑 이 글의 내용을 '처음, 중간, 끝'으로 나누어 다음과 같이 정리해 보자.

처음	• 풍속화의 정의 : • 조선 후기의 풍속화 :
중간	• 김홍도의 풍속화첩 : • 김득신과 농촌의 일상 : • 신윤복과 조선 여인들 :
끝	

1-4. 다음 글을 읽고 물음에 답하시오.

|||| 확인문제

(가) 풍속화(風俗畫)란, 이름 그대로 '풍속'을 그린 그림을 뜻한다. 풍속은 옛날부터 한 사회에 이어져 내려오는 생활 습관을 뜻하므로, 풍속화는 인간이 살아가는 모든 생활 습관을 소재로 한 그림이라 할 수 있다.

한국의 풍속화는 고구려 고분 벽화에서부터 시작되었지만, 본격적인 발전이 이루어진 것은 조선 후기인 18~19세기에 이르러서였다. 조선 후기에 접어들면서 풍속화가 인기를 끌게 된 이유는 무엇일까? 그것은 당시의 사회 변화와 관계가 깊다.

(나) 조선 후기에는 상업이 발달하면서 평민들 가운데 부자들이 생겨났다. 부자 평민들은 부(富)를 과시하기 위해 집안을 그림으로 장식하고 싶어 했지만, 그윽한 풍경이 그려진 산수화(山水畫)를 양반들처럼 즐기기는 어려웠다. 그래서 자신들이 쉽게 이해할 수 있는 풍속화에 눈을 돌렸던 것이다. 또한 당시 조선에 널리 퍼져 있던 실학사상도 풍속화의 발전에 영향을 끼쳤다. 많은 사람들이 현실과 동떨어진 유교 대신 현재의 삶을 반영한 실학사상에 빠져들게 되었고, 실용적인 학문에 눈을 뜨게 된 결과 일상생활을 묘사한 풍속화가 크게 유행하게 된 것이다.

이와 같이 상업과 실학의 발달로 인기를 끌게 된 조선 후기의 풍속화는 도화서(圖畫署)의 화원들, 즉 직업 화가들인 김홍도, 김득신, 신윤복 등에 의해 꽃을 피우게 된다.

(다) 그림 속 소년은 삼현육각에 맞춰 덩실덩실 춤을 춘다. 절로 신명이 났는지 한 발로 무게중심을 잡고 다른 발은 들어 올린 채 두 팔을 휘휘 내젓는다. 연주자들도 제 흥에 겨워 어깨춤을 들썩이며 한껏 분위기를 돋운다.

(라) 당황한 농부의 표정과 고소해하는 고양이의 익살스런 대비가 그림을 보는 사람들의 입가에 저절로 미소가 흐르게 한다. 한가한 봄날 농가의 적막을 깨며 벌어진 사건을 이토록 재미있게 묘사한 작품이 또 있을까?

(마) 김홍도와 김득신이 서민들의 일상생활을 그림의 주제로 선택한 반면, 신윤복은 주로 남녀 간의 애정, 풍류를 즐기는 양반들의 여가 생활, 기생들의 감추어진 세계를 묘사했다.

두 남녀는 유행에 앞장선 한양의 멋쟁이였던 듯 한껏 멋을 부렸는데 남자는 콧등과 뒤축을 옥색으로 장식한 가죽신을, 여자는 자주색 비단신을 신었다. 한편, 여자는 머리에 천을 썼는데 이 천은 처네라고 부르며, 조선 시대 여자들이 얼굴을 가리려고 머리에 뒤집어썼던 옷을 가리킨다.

(바) 김홍도의 김득신, 신윤복은 (,   ,   )을 두루 갖춘 한국적인 풍속화를 제작한 공적으로 풍속화의 3대가라는 영예를 얻게 되었다. 아울러 세 화가는 조선 사람들의 다양한 삶과 놀이,

남녀 간의 애정을 각각 그림의 주제로 삼아 속된 풍속화를 예술적 품격을 지닌 회화로 발전시키는데 결정적인 기여를 했다. 사대부 출신이 아닌 전문적인 직업 화가였던 이들 덕분에 천한 그림으로 멸시받던 풍속화는 조선 시대 대표적인 그림으로 인정받았고, 후세 사람들은 조선 시대의 생활상을 생생하게 이해할 수 있게 되었다.

01. 위 글의 내용과 일치하는 것은?

① 한국의 풍속화는 조선 후기에 본격적으로 발전하였다.
② 풍속화는 산과 자연 경치의 아름다움을 그린 그림이다.
③ 조선 후기 풍속화는 부자 양반들이 즐기던 그림이었다.
④ 대표적인 풍속화가 김홍도, 김득신, 신윤복은 부자 상인이었다.
⑤ 실용적인 학문에 눈을 뜨게 된 결과, 현실과 동떨어진 풍속화가 크게 유행하였다.

02. '파적도(破寂圖)'라는 제목의 의미가 나타난 곳은?

① (가)　　　　② (나)　　　　③ (다)　　　　④ (라)　　　　⑤ (마)

03. 신윤복의 풍속화를 김홍도, 김득신의 풍속화와 비교할 때 차이점으로 알맞은 것은?

① 직업 화가이다.
② 일상생활을 묘사한 풍속화를 그렸다.
③ 기생들의 감추어진 세계를 묘사했다.
④ 풍속화를 예술적 품격을 지닌 회화로 발전시켰다.
⑤ 백성들의 풋풋한 정서가 살아 숨 쉬는 그림을 그렸다.

04. (바)의 괄호 안에 들어갈 내용으로 적절하지 <u>않은</u> 것은?

① 추상성　　　② 기록성　　　③ 사실성　　　④ 해학성　　　⑤ 시대성

5-9. 다음 글을 읽고 물음에 답하시오.

|||| 확인문제

(가) 김홍도와 김득신, 신윤복은 시대성, 기록성, 사실성, 해학성을 두루 갖춘 한국적인 풍속화를 제작한 공적으로 풍속화의 3대가라는 영예를 얻게 되었다. 아울러 세 화가는 조선 사람들의 다양한 삶과 놀이, 남녀 간의 애정을 각각 그림의 주제로 삼아 속된 풍속화를 예술적 품격을 지닌 회화로 발전시키는 데 결정적인 기여를 했다. 사대부 출신이 아닌 전문적인 직업 화가였던 이들 덕분에 천한 그림으로 멸시 받던 풍속화는 조선 시대 대표적인 그림으로 인정받았고, 후세 사람들은 조선 시대의 생활상을 생생하게 이해할 수 있게 되었다.

(나) 조선 후기 최고의 풍속 화가로는 단연 김홍도를 꼽을 수 있다. 조선의 풍속화를 완성한 대가로 평가 받고 있는 김홍도는 강한 개성과 독창성을 발휘해 일반 백성들의 풋풋한 정서가 살아 숨쉬는 걸작들을 창조했다. 대표적인 그림 무동(舞童)은 대담한 원형구도로 관객들이 음악과 춤이 어우러진 흥겨운 현장 한복판에 서 있는 듯한 느낌을 받게 된다.

김홍도의 "풍속화첩"에는 모두 25점의 그림이 실려 있다. 이 작은 화첩 속에 길쌈 잣는 여인들, 고누 놀이에 흠뻑 빠진 아이들, 씨름하는 남정네, 무동(舞童) 등 갖가지 전통 놀이와 풍습이 생생하게 살아 있어, "풍속화첩"은 당시 조선 사람들의 다양한 생활상을 살펴보는 데 귀한 자료로 사용되고 있다.

(다) 김홍도의 가장 직접적인 영향을 받은 화가는 김득신이다. 그는 김홍도를 너무나 흠모한 나머지 김홍도의 주제와 기법까지 그대로 흉내 냈다. 그의 개성이 가장 돋보이는 걸작으로 평가받는 그림은 '파적도(破寂圖)'이다. 당황한 농부의 표정과 고소해 하는 고양이의 익살스런 대비가 그림을 보는 사람들의 입가에 저절로 미소가 흐르게 한다. 한가한 봄날 농가의 적막을 깨며 벌어진 사건을 이토록 재미있게 묘사한 작품이 또 있을까? '파적도'는 김득신이 순간적인 상황묘사에 뛰어난 대가라는 사실을 유감없이 보여 준다.

(라) 신윤복은 주로 남녀 간의 애정, 풍류를 즐기는 양반들의 여가 생활, 기생들의 감추어진 세계를 묘사했다. 신윤복도 김홍도와 김득신처럼 풍속화첩을 만들었는데, "혜원풍속화첩", "혜원전신첩"이 바로 그것이다. 혜원의 풍속화첩에 실린 대부분의 그림에는 양반과 기생이 주인공으로 등장하며 남녀간의 애정 표현이 두드러진다.

'월하정인(月下情人)'은 도시적인 세련미를 화려한 색채로 능숙하게 표현했다는 찬사를 받는 신윤복 화풍의 특징을 잘 보여 준다.

(마) 풍속화란 인간이 살아가는 모든 생활 습관을 소재로 한 그림이다. 조선 후기에 접어들면서

풍속화가 인기를 끌게 된 이유는 무엇일까? 그것은 당시의 사회변화와 관계가 깊다.

　조선 후기에는 상업이 발달하면서 평민들 가운데 부자들이 생겨났다. 부자 평민들은 부를 과시하기 위해 집안을 그림으로 장식하고 싶어 했지만, 그윽한 풍경이 그려진 산수화를 양반들처럼 즐기기는 어려웠다. 그래서 자신들이 쉽게 이해할 수 있는 풍속화에 눈을 돌렸던 것이다. 또한 당시 조선에 널리 퍼져있던 실학사상도 풍속화의 발전에 영향을 끼쳤다. 많은 사람들이 실용적인 학문에 눈을 뜨게 된 결과 일상생활을 묘사한 풍속화가 크게 유행하게 된 것이다.

05. (가)~(마) 중 글의 내용 전개상 맺음말에 해당하는 것은?

① (가)　　　② (나)　　　③ (다)　　　④ (라)　　　⑤ (마)

06. 다음 〈보기〉와 관련해 글 (가)~(마)를 찾아 올바르게 읽은 사람은?

─────────〈 보기 〉─────────

글을 읽을 때에는 자신이 무엇 때문에, 무엇을 위해 읽는지를 생각하면서 읽어야 한다. 글을 읽는 목적에 따라 글을 읽는 초점과 방법을 달리해서 읽을 필요가 있기 때문이다.

① 정빈 : 조선 풍속화에 담긴 조선 계급사회의 특징과 관련된 정보를 찾아보며 읽었어.
② 현진 : 조선 풍속화에 담긴 조선시대 양반들의 특징을 자세히 알아보며 읽었어.
③ 동근 : 조선 풍속화에 담긴 조선시대 사람들의 다양한 생활상을 파악하며 읽었어.
④ 성진 : 조선 풍속화에 담긴 조선시대 여인들의 삶과 남녀차별의 현실을 찾아보며 읽었어.
⑤ 영수 : 조선시대 사람들이 출세를 위해 독서를 했다는 것을 그림 속에서 파악하며 읽었어.

07. 글 (가)~(마)의 내용을 참고로 할 때 김홍도의 그림에 해당하는 것을 <u>모두</u> 찾으면?

① 

② 

③ 

④ 

⑤ 

08. 조선시대 풍속화가 발달하게 된 원인 두 가지를 본문에서 찾아 쓰시오.

09. (가)~(마)를 읽고 김홍도, 김득신 풍속화의 특징을 신윤복 풍속화의 특징과 대비해 서술하시오.
(단, 문장의 끝맺음을 '~다'로 할 것.)

➡ 김홍도와 김득신은 _______________________________________.

10-11. 다음 글을 읽고 물음에 답하시오.

(가) 조선 후기 최고의 풍속 화가로는 단연 김홍도를 꼽을 수 있다. 조선의 풍속화를 완성한 대가(大家)로 평가받고 있는 김홍도는 강한 개성과 독창성을 발휘해 일반 백성들의 풋풋한 정서가 살아 숨 쉬는 걸작들을 창조했다.

(나) 조선 후기에는 상업이 발달하면서 평민들 가운데 부자들이 생겨났다. 부자 평민들은 부(富)를 과시하기 위해 집안을 그림으로 장식하고 싶어 했지만, 그윽한 풍경이 그려진 산수화(山水畵)를 양반들처럼 즐기기는 어려웠다. 그래서 자신들이 쉽게 이해할 수 있는 풍속화에 눈을 돌렸던 것이다. 또한 당시 조선에 널리 퍼져 있던 실학사상도 풍속화의 발전에 영향을 끼쳤다.

(다) 당황한 농부의 표정과 고소해하는 고양이의 익살스런 대비가 그림을 보는 사람들의 입가에 저절로 미소가 흐르게 한다. 한가한 봄날 농가의 적막을 깨매 벌어진 사건을 이토록 재미있게 묘사한 작품이 또 있을까? '파적도'는 김득신이 순간적인 상황 묘사에 뛰어난 대가라는 사실을 유감없이 보여 준다.

(라) 김홍도와 김득신, 신윤복은 시대성, 기록성, 사실성, 해학성을 두루 갖춘 한국적인 풍속화를 제작한 공적으로 풍속화의 3대가라는 영예를 얻게 되었다. 아울러 세 화가는 조선 사람들의 다양한 삶과 놀이, 남녀 간의 애정을 각각 그림의 주제로 삼아 속된 풍속화를 예술적 품격을 지닌 회화로 발전시키는데 결정적인 기여를 했다.

(마) 김홍도와 김득신이 서민들의 일상생활을 그림의 주제로 선택한 반면, 신윤복은 주로 남녀 간의 애정, 풍류를 즐기는 양반들의 여가 생활, 기생들의 감추어진 세계를 묘사했다.

10. 위 글의 내용과 일치하지 <u>않는</u> 것은?

① 파적도는 순간적인 묘사가 뛰어난 작품이다.

② 풍속화의 발전 배경은 상업의 발전과 실학이다.

③ 조선후기 이전에도 풍속화의 예술성은 인정되었다.

④ 조선 후기 풍속화는 평민들도 쉽게 이해할 수 있는 그림이었다.

⑤ 신윤복 그림의 주제를 김홍도, 김득신의 그림과 대조하여 설명하였다.

11. 설명문의 통일성을 고려하여 (가)~(마)를 바르게 배열한 것은?

① (가)-(나)-(다)-(마)-(라)

② (나)-(가)-(다)-(라)-(마)

③ (나)-(가)-(라)-(다)-(마)

④ (나)-(가)-(다)-(마)-(라)

⑤ (라)-(가)-(다)-(마)-(나)

나는 학자가 아니기 때문에 현대 문명의 편리함 뒤에 감추어져 있는 복잡한 문제를 일목요연하게 설명할 재주가 없다. 그래서 아주 간단하게 냉장고라는 물건을 통해 설명하려고 한다. 냉장고는 과연 문명의 **이기(利器)***인가, 흉기인가?

냉장고는 현대 문명의 혜택 중 가장 생활 깊숙이 자리 잡은 필수품이다. 요즘 사람들은 냉장고 없이 사는 것은 아예 상상도 하지 못할 것이다. 현대인들에게 냉장고는 매 끼니 음식을 하거나 음식 재료를 사야 하는 번거로움에서 벗어나게 해 주고, 먹고 남은 음식을 버려야 한다는 죄책감에서 해방시켜 준 그저 고맙기만 한 저장고인 것이다. 그래서 냉장고로 인해 소중한 것들이 사라져 가고 있다거나 일부 심각한 문제들이 발생하고 있다는 생각은 하지 못한다.

냉장고가 생활의 필수품으로 자리 잡으면서 발생한 심각한 손실은 우선 음식을 통해 주고받던 우리네 인정(人情)이 사라져 가고 있다는 데 있다. 냉장고가 없던 시절에는 식구가 먹고 남을 정도의 음식을 만들거나 얻게 되면 미련 없이 이웃과 나누어 먹었다. 그런데 냉장고가 생기면서 이런 풍습이 사라졌다. 냉장고에 넣어 두면 일주일이고 한달이고 천천히 내 식구만 먹는 것이 가능해졌기 때문이다. ⇨ 근거 1

장기간 다량의 음식을 보관할 수 있게 되면서, 냉장고가 자꾸 커지고 냉장고의 종류나 개수가 하나둘 늘어가는 것도 문제이다. 이러다 보면 당장 소비할 필요가 없는 것들을 사게 되고, 냉장고 안에는 불필요한 음식들이 하나둘 쌓이기 시작하기 때문이다. 당장 필요하지 않거나 필요한 양 이상의 것을 사들이는 우리의 습관은 냉장고가 있기에 가능한 것이다. 그리고 이제 서너 달에서 길게는 일 년 넘게 냉장고에 보관되어 있는 음식을 찾아내는 것 정도는 어려운 일이 아니다. ⇨ 근거 2

필요 이상으로 사들인 후 쌓아 두는 습관은 생태계에서 유지되어야 할

<어휘정리>

***이기(利器)** : 생활을 편리하게 해 주는 기계나 기구.

적정한 수요와 공급의 기본을 훼손하는 결과로 이어지기도 한다. 우리는 당장 먹지도 않을 가축이나 물고기 등을 마구 잡아서 냉장고 안에 보관한다. 대부분의 가정집 냉장고에는 양의 차이는 있지만 닭고기, 소고기, 돼지고기, 물고기, 멸치포 등 다양한 생명들이 냉동되어 있다. 이것을 전국적으로, 아니 전 세계적으로 계산해 본다면 엄청난 양이 될 것이다. ⇨ 근거 3

게다가 냉장고 안에 오랫동안 넣어 두고 먹는 음식들은 대부분 우리의 건강을 위협하는 것들이라는 사실도 문제이다. 냉장고 안에 보관하는 음식들에는 서양 사람들이 즐겨 먹는 고기, 빵, 음료수를 비롯한 각종 가공식품들이 있다. 그리고 이들은 우리의 건강에 좋지 않은 영향을 주는 음식들로 잘 알려져 있다. 한 연구 결과에 따르면, 냉장고 안에 보관하는 고기와 정제·가공된 음식을 즐기는 여성은 그렇지 않은 여성보다 결장암에 걸릴 위험이 1.5배나 높다고 한다. 그것은 음식을 가공하는 과정에서 각종 해로운 물질이 생성될 뿐 아니라 체내의 유해 물질을 배출하는 데 도움이 되는 섬유질 같은 성분이 제거되기 때문이다. ⇨ 근거 4

냉장고는 언제고 먹을 수 있는 음식들을 제공하면서 현대인들로 하여금 필요 이상의 칼로리를 섭취하게 만든다. 아이들은 배고프면 냉장고부터 열어 그 안의 가공식품들을 마구 꺼내 먹는다. 대형 냉장고 문화가 처음 생겨난 미국의 경우 1988년 전체 인구의 23퍼센트이던 비만 환자가 1994년에는 31퍼센트로 늘어났으며, 2009년에는 34.3퍼센트로 늘어났다.

냉장고의 확산은 날씬하고 건강하기로 소문난 일본 남성의 비만율을 지난 20년간 약 두 배 가까이 증가시키는 데 일조했다. 또한 아프리카 몇몇 나라의 경우 최근 몇십 년 사이 냉장고에 장기 보관하는 서양 가공 음식들이 홍수처럼 밀려들면서 비만율이 급격히 높아졌다는 보고(報告)도 있었다. 우리나라에서 비만 인구가 증가한 것도 냉장고의 보급과 무관하지 않다. ⇨ 근거 5

내가 이처럼 냉장고에 대해 비판적인 이야기를 하는 것은 냉장고를 당장 버리자고 주장하기 위해서가 아니다. 그리고 냉장고 없이 지내자는 주

장이 어느 정도의 설득력을 가질지에 대해서도 의문이다. 다만 습관적으로 냉장고 안에 불필요한 물건들을 쌓아 놓는 태도나 가공식품을 냉장고에 가득 재어 놓고 사는 습관에 대해서는 한번쯤 생각할 필요가 있지 않을까 하는 반성에서 풀어 놓은 생각이다. 거창한 환경 운동을 하는 것보다 이런 것을 생활 속에서 실천하는 것이 더 중요하지 않을까?

이 글에 나타난 글쓴이의 주장을 쓰고, 주장을 뒷받침하기 위해 사용한 근거를 찾아 정리해 보자.

주장	
근거 1	
근거 2	
근거 3	
근거 4	
근거 5	

1-2. 다음 글을 읽고 물음에 답하시오.

|||| 확인문제

(가) 냉장고는 현대 문명의 혜택 중 가장 생활 깊숙이 자리 잡은 필수품이다. 요즘 사람들은 냉장고 없이 사는 것은 아예 상상도 하지 못할 것이다. 현대인들에게 냉장고는 매 끼니 음식을 하거나 음식 재료를 사야 하는 번거로움에서 벗어나게 해 주고, 먹고 남은 음식을 버려야 한다는 죄책감에서 해방시켜 준 그저 고맙기만 한 저장고인 것이다. 그래서 냉장고로 인해 소중한 것들이 사라져 가고 있다거나 일부 심각한 문제들이 발생하고 있다는 생각은 하지 못한다.

(나) 장기간 다량의 음식을 보관할 수 있게 되면서, 냉장고가 자꾸 커지고 냉장고의 종류나 개수가 하나둘 늘어가는 것도 문제이다. 이러다보면 당장 소비할 필요가 없는 것들을 사게 되고, 냉장고 안에는 불필요한 음식들이 하나둘 쌓이기 시작하기 때문이다. 당장 필요하지 않거나 필요한 양 이상의 것들을 사들이는 우리의 모습은 냉장고가 있기에 가능한 것이다. 그리고 이제 서너 달에서 길게는 일 년 넘게 냉장고에 보관되어 있는 음식을 찾아내는 것 정도는 어려운 일이 아니다.

(다) 냉장고 안에 오랫동안 넣어 두고 먹는 음식들은 대부분 우리의 건강을 위협하는 것들이라

는 사실도 문제이다. 냉장고 안에 보관하는 음식들에는 서양 사람들이 즐겨 먹는 고기, 빵, 음료수를 비롯한 각종 가공식품들이 있다. 그리고 이들은 우리의 건강에 좋지 않은 영향을 주는 음식들로 잘 알려져 있다. 한 연구 결과에 따르면, 냉장고 안에 보관하는 고기와 정제·가공된 음식을 즐기는 여성은 그렇지 않은 여성보다 결장암에 걸릴 위험이 1.5배가 높다고 한다. 그것은 음식을 가공하는 과정에서 각종 해로운 물질이 생성될 뿐만 아니라 체내의 유해 물질을 배출하는 데 도움이 되는 섬유질 같은 성분이 제거되기 때문이다.

(라) 냉장고는 언제고 먹을 수 있는 음식들을 제공하면서 현대인들로 하여금 필요 이상의 칼로리를 섭취하게 만든다. 아이들은 배고프면 냉장고부터 열어 그 안의 가공식품들을 마구 꺼내 먹는다. 대형 냉장고 문화가 처음 생겨난 미국의 경우 1988년 전체 인구의 23퍼센트이던 비만 환자가 1994년에는 31퍼센트로 늘어났으며, 2009년에는 34.3퍼센트로 늘어났다.

(마) 내가 이처럼 냉장고에 대해 비판적인 이야기를 하는 것은 냉장고를 당장 버리자고 주장하기 위해서가 아니다. 그리고 냉장고 없이 지내자는 주장이 어느 정도의 설득력을 가질지에 대해서도 의문이다. 다만 습관적으로 냉장고 안에 불필요한 물건들을 쌓아 놓는 태도나 가공식품을 냉장고에 가득 재어 놓고 사는 습관에 대해서는 한번쯤 생각할 필요가 있지 않을까 하는 반성에서 풀어 놓은 생각이다. 거창한 환경 운동을 하는 것보다 이런 것을 생활 속에서 실천하는 것이 더 중요하지 않을까?

01. 위 글에서 글쓴이가 궁극적으로 말하고자 하는 것은?

① 냉장고는 두 얼굴을 가지고 있다.
② 칼로리가 높은 음식이 비만의 원인이다.
③ 냉장고를 사용하는 태도나 습관을 고치자.
④ 냉장고에 보관된 정제·가공된 음식을 버리자.
⑤ 거창한 환경 운동보다는 생활 속 실천이 중요하다.

02. (나)~(라)의 전개 방식으로 가장 알맞은 것은?

① 주장을 먼저 내세우고 근거를 들었다.
② 문제를 제시하고 예를 들어 원인을 밝히고 있다.
③ 통계 자료를 바탕으로 자신의 견해를 밝히고 있다.

④ 전문가의 견해를 인용하여 핵심내용을 부각하였다.

⑤ 예상되는 반론을 비판할 수 있는 사례를 제 시하였다.

3-5. 다음 글을 읽고 물음에 답하시오.

(가) 나는 학자가 아니기 때문에 현대 문명의 편리함 뒤에 감추어져 있는 복잡한 문제를 일목요연하게 설명할 재주가 없다. 그래서 아주 간단하게 냉장고라는 물건을 통해 설명하려고 한다. 냉장고는 과연 문명의 이기(利器)인가, 흉기인가?

(나) 냉장고는 현대 문명의 혜택 중 가장 생활 깊숙이 자리 잡은 필수품이다. 요즘 사람들은 냉장고 없이 사는 것은 아예 상상도 하지 못할 것이다. 현대인들에게 냉장고는 매 끼니 음식을 하거나 음식 재료를 사야 하는 번거로움에서 벗어나게 해 주고, 먹고 남은 음식을 버려야 한다는 죄책감에서 해방시켜 준 그저 고맙기만 한 저장고인 것이다. 그래서 냉장고로 인해 소중한 것들이 사라져 가고 있다거나 일부 심각한 문제들이 발생하고 있다는 생각은 하지 못한다.

(다) 게다가 냉장고 안에 오랫동안 넣어 두고 먹는 음식들은 대부분 우리의 건강을 위협하는 것들이라는 사실도 문제이다. 냉장고 안에 보관하는 음식들에는 서양 사람들이 즐겨 먹는 고기, 빵, 음료수를 비롯한 각종 가공식품들이 있다. 그리고 이들은 우리의 건강에 좋지 않은 영향을 주는 음식들로 잘 알려져 있다. 한 연구 결과에 따르면, 냉장고 안에 보관하는 고기와 정제ㆍ가공된 음식을 즐기는 여성은 그렇지 않은 여성보다 결장암에 걸릴 위험이 1.5배나 높다고 한다. ㉠**그것**은 음식을 가공하는 과정에서 각종 해로운 물질이 생성될 뿐 아니라 체내의 유해 물질을 배출하는 데 도움이 되는 섬유질 같은 성분이 제거되기 때문이다.

(라) 내가 이처럼 냉장고에 대해 비판적인 이야기를 하는 것은 냉장고를 당장 버리자고 주장하기 위해서가 아니다. 그리고 냉장고 없이 지내자는 주장이 어느 정도의 설득력을 가질지에 대해서도 의문이다. 다만 습관적으로 냉장고 안에 불필요한 물건들을 쌓아 놓는 태도나 가공식품을 냉장고에 가득 재어 놓고 사는 습관에 대해서는 한번쯤 생각할 필요가 있지 않을까 하는 반성에서 풀어 놓은 생각이다. 거창한 환경 운동을 하는 것보다 이런 것을 생활 속에서 실천하는 것이 더 중요하지 않을까?

03. 위와 같은 글을 읽는 방법으로 적절한 것은?

① 상상을 통해 다양한 의미를 파악하며 읽는다.

② 새로 알게 된 사실, 요점 등을 정리하면서 읽는다.

③ 언어의 아름다움과 주제가 주는 감동을 느껴 본다.

④ 글쓴이의 체험을 통해 자기의 삶을 성찰하여 읽는다.

⑤ 글쓴이의 주장이 합리적인지 아닌지를 판단하며 읽는다.

04. 위 글에 나타난 글쓴이의 의견을 요약한 것으로 가장 적절한 것은?

① 여러 문제를 일으키는 냉장고를 버려야 한다.

② 냉장고에 저장된 음식은 남성보다 여성의 비만율을 높였다.

③ 냉장고 안에 불필요한 물건들을 쌓아 놓는 태도를 고치자.

④ 냉장고는 생활 깊숙이 자리 잡는 필수품으로 문명의 이기이다.

⑤ 요즘은 냉장고에 불필요한 물건을 쌓아두는 습관을 고치는 것 보다 거창한 환경 운동이 필요한 시기이다.

05. 밑줄 친 ㉠의 지시어가 가리키는 내용을 쓰시오.

6-9. 다음 글을 읽고 물음에 답하시오.

IIII **확인문제**

　(가) 냉장고가 생활의 필수품으로 자리 잡으면서 발생한 심각한 손실은 우선 음식을 통해 주고 받던 우리네 인정이 사라져 가고 있다는 데 있다. 냉장고가 없던 시절에는 식구가 먹고 남을 정도의 음식을 만들거나 얻게 되면 미련 없이 이웃과 나누어 먹었다. 그런데 냉장고가 생기면서 이런 풍습이 사라졌다.

　(나) 나는 학자가 아니기 때문에 현대 문명의 편리함 뒤에 감추어져 있는 복잡한 문제를 일목요연하게 설명할 재주가 없다. 그래서 아주 간단하게 냉장고라는 물건을 통해 설명하려고 한다. 냉장

고는 과연 문명의 이기인가, 흉기인가?

(다) 냉장고 안에 오랫동안 넣어 두고 먹는 음식들은 대부분 우리의 건강을 위협하는 것들이라는 사실도 문제이다. 냉장고 안에 보관하는 음식들에는 서양 사람들이 즐겨 먹는 고기, 빵, 음료수를 비롯한 각종 가공식품들이 있다. 그리고 ㉠이들은 우리의 건강에 좋지 않은 영향을 주는 음식들로 잘 알려져 있다. 한 연구결과에 따르면 냉장고 안에 보관하는 고기와 정제·가공된 음식을 즐기는 여성은 그렇지 않은 여성보다 경장에 걸릴 위험이 1, 5배나 높다고 한다.

(라) 내가 이처럼 냉장고에 대해 비판적인 이야기를 하는 것은 냉장고를 당장 버리자고 주장하기 위해서가 아니다. 다만 습관적으로 냉장고 안에 불필요한 물건들을 쌓아 놓는 태도나 가공식품을 냉장고에 가득 재어 놓고 사는 습관에 대해서는 한번쯤 생각할 필요가 있지 않을까 하는 반성에서 풀어 놓은 생각이다. 거창한 환경운동을 하는 것보다 이런 것을 생활속에서 실천하는 것이 더 중요하지 않을까?

(마) 필요 이상으로 사들인 후 쌓아 두는 습관은 생태계에서 유지되어야 할 적정한 수요와 공급의 기본을 훼손하는 결과로 이어지기도 한다. 우리는 당장 먹지도 않을 가축이나 물고기 등을 마구 잡아서 냉장고 안에 보관한다.

---

06. (가)~(마)와 같은 글을 가장 효과적으로 감상한 사람은?

① 한결 : 글을 통해 새롭게 알게 된 정보를 메모하며 읽었다.

② 상협 : 글에 쓰인 단어의 가락을 충분히 느끼면서 읽었다.

③ 익선 : 글속에 나타난 글쓴이의 생각과 느낌을 생각하며 읽었다.

④ 인규 : 편견이 들어 있는 의견이나 주장이 아닌지 그 근거의 타당성을 판단한다.

⑤ 재혁 : 글이 주는 가치와 감동의 요소를 살펴 가며 글을 읽는다.

07. 다음 〈보기〉를 읽고 그 내용에 해당하는 냉장고의 <u>문제점</u>은?

〈 보기 〉

대형 냉장고 문화가 처음 생겨난 미국의 경우 1988년 전체 인구의 23퍼센트이던 비만환자가 1994년에는 31퍼센트로 늘어났으며 2009년에는 34.3퍼센트로 늘어났다.

① 음식을 이웃과 나누어 먹던 우리네 인정이 사라져 가고 있다.

② 장기간 음식을 보관하게 되면서, 당장 필요하지 않거나 필요한 이상의 것을 사들이는 습관이 생겼다.

③ 필요이상으로 사들인 후 쌓아 두는 습관은 생태계에서 유지되어야 할 적정의 수요와 공급의 기본을 훼손하게 된다.

④ 냉장고에 오랫동안 넣어 두고 먹는 음식들은 대부분 우리의 건강을 위협하는 것들이다.

⑤ 냉장고는 언제고 먹을 수 있는 음식들을 제공하면서 현대인들로 하여금 필요 이상의 칼로리를 섭취하게 만든다.

08. (가)~(마) 중 〈보기〉의 내용에 해당하는 부분은?

─────────────〈 보기 〉─────────────

근거가 정확하려면 출처를 제시해야 하는데, 구체적인 출처 자료를 제시하지 않으면 근거의 정확성에는 다소 비판을 받을 수도 있다.

───────────────────────────────

① (가) 　　② (나) 　　③ (다) 　　④ (라) 　　⑤ (마)

09. (다)의 '㉠이들'이 가리키는 것을 서술하시오.

10-12. 다음 글을 읽고 물음에 답하시오.

▮▮▮ 확인문제

　(가) 나는 학자가 아니기 때문에 현대 문명의 편리함 뒤에 감추어져 있는 복잡한 문제를 일목요연하게 설명할 재주가 없다. 그래서 아주 간단하게 냉장고라는 물건을 통해 설명하려고 한다. 냉장고는 과연 문명의 이기(利器)인가, 흉기인가?

　(나) 냉장고 안에 오랫동안 넣어 두고 먹는 음식들은 대부분 우리의 건강을 위협하는 것들이라는 사실도 문제이다. 냉장고 안에 보관하는 음식들에는 서양 사람들이 즐겨 먹는 고기, 빵, 음료수를 비롯한 각종 가공식품들이 있다. 그리고 이들은 우리의 건강에 좋지 않은 영향을 주는 음식들로 잘 알려져 있다. 한 연구 결과에 따르면, 냉장고 안에 보관하는 고기와 정제 · 가공된 음식을 즐기는 여성은 그렇지 않은 여성보다 결장암에 걸릴 위험이 1.5배나 높다고 한다. 그것은 음식을 가공

하는 과정에서 각종 해로운 물질이 생성될 뿐 아니라 체내의 유해 물질을 배출하는 데 도움이 되는 섬유질 같은 성분이 제거되기 때문이다.

(다) 냉장고는 언제고 먹을 수 있는 음식들을 제공하면서 현대인들로 하여금 필요 이상의 칼로리를 섭취하게 만든다. 아이들은 배고프면 냉장고부터 열어 그 안의 가공식품들을 마구 꺼내 먹는다.

(라) 냉장고의 확산은 날씬하고 건강하기로 소문난 일본 남성의 비만율을 지난 20년간 약 두 배 가까이 증가시키는 데 일조했다. 또한 아프리카 몇몇 나라의 경우 최근 몇십 년 사이 냉장고에 장기 보관하는 서양 가공 음식들이 홍수처럼 밀려들면서 비만율이 급격히 높아졌다는 보고(報告)도 있었다. 우리나라에서 비만 인구가 증가한 것도 냉장고의 보급과 무관하지 않다.

(마) 내가 이처럼 냉장고에 대해 비판적인 이야기를 하는 것은 냉장고를 당장 버리자고 주장하기 위해서가 아니다. 그리고 냉장고 없이 지내자는 주장이 어느 정도의 설득력을 가질지에 대해서도 의문이다. 다만 습관적으로 냉장고 안에 불필요한 물건들을 쌓아 놓는 태도나 가공식품을 냉장고에 가득 재어 놓고 사는 습관에 대해서는 한번쯤 생각할 필요가 있지 않을까 하는 반성에서 풀어 놓은 생각이다. 거창한 환경 운동을 하는 것보다 이런 것을 생활 속에서 실천하는 것이 더 중요하지 않을까?

---

10. 위 글에 대한 설명으로 맞는 것은?

① 글의 성격은 해학적이다.

② 글을 쓴 목적은 사건을 보도하기 위해서이다.

③ (가)의 구성 단계상 특징은 자신의 주장을 전개하는 것이다.

④ 글에서 주장하는 주된 내용은 냉장고 사용 습관을 고치자는 것이다.

⑤ (나)와 (다)에 드러난 냉장고의 모습을 비유적으로 표현한 것은 '문명의 이기(利器)'이다.

11. 다음 글이 들어갈 곳은?

대형 냉장고 문화가 처음 생겨난 미국의 경우 1988년 전체 인구의 23퍼센트이던 비만 환자가 1994년에는 31퍼센트로 늘어났으며, 2009년에는 34.3퍼센트로 늘어났다.

① (가) 뒤 　　② (나) 뒤 　　③ (다) 뒤 　　④ (라) 뒤 　　⑤ (마) 뒤

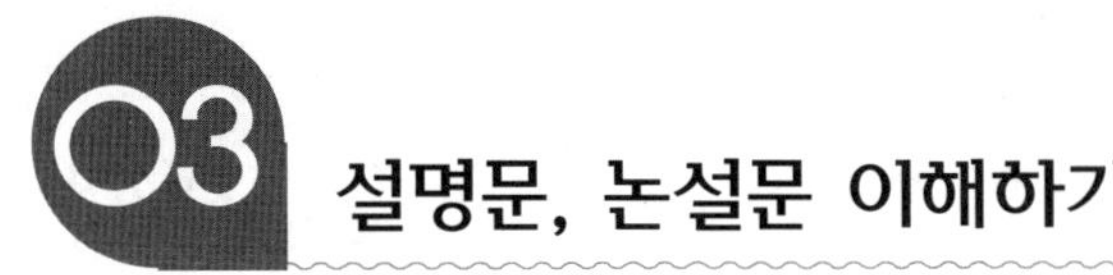

② 장기간 음식을 보관하게 되면서, 당장 필요하지 않거나 필요한 이상의 것을 사들이는 습관이 생겼다.

③ 필요이상으로 사들인 후 쌓아 두는 습관은 생태계에서 유지되어야 할 적정의 수요와 공급의 기본을 훼손하게 된다.

④ 냉장고에 오랫동안 넣어 두고 먹는 음식들은 대부분 우리의 건강을 위협하는 것들이다.

⑤ 냉장고는 언제고 먹을 수 있는 음식들을 제공하면서 현대인들로 하여금 필요 이상의 칼로리를 섭취하게 만든다.

12. (나)에서 첫 번째 나오는 지시어를 쓰고 그에 해당하는 내용을 5음절로 써라.

- 지시어 :

- 내용 :

 Memo

04

문법 이해 하기

🚙 개념 정리 ··

01 :: 음운

1. 음운의 뜻과 종류

1) 음운의 개념 : 말의 뜻을 구별해 주는 소리의 가장 작은 단위. (자음, 모음)

　예) 공 : 종　　　　　　강 : 공

2) 음운의 종류

① 자음 : 소리를 낼 때 장애를 받고 나는 소리 (19개)

조음방법		조음위치➡	두입술	윗잇몸 (혀끝)	센입천장 (혓바닥)	여린입천장 (혀뒤)	목청사이
안울림 소리	파열음	예사소리 된소리 거센소리	ㅂ ㅃ ㅍ	ㄷ ㄸ ㅌ		ㄱ ㄲ ㅋ	
	파찰음	예사소리 된소리 거센소리			ㅈ ㅉ ㅊ		
	마찰음	예사소리 된소리		ㅅ ㅆ			ㅎ
울림 소리	비음		ㅁ	ㄴ		ㅇ	
	유음			ㄹ			

② 모음 : 소리를 낼 때 장애 없이 내는 소리. (21개 : 단모음 10 + 이중모음 11)

입술,혀의 고정여부에 따른 분류	단모음	발음할 때 입술이나 혀가 고정되어 움직이지 않은 모음 예) ㅏ, ㅐ, ㅓ, ㅔ, ㅗ, ㅚ, ㅜ, ㅟ, ㅡ, ㅣ
	이중모음	발음할 때 입술이나 혀가 움직이는 모음 예) ㅑ, ㅒ, ㅕ, ㅖ, ㅘ, ㅙ, ㅛ, ㅝ, ㅞ, ㅠ, ㅢ

혀의 최고점 위치 입술모양 혀의 높이	앞 (전설모음)		뒤 (후설모음)	
	평순모음	원순모음	평순모음	원순모음
고모음	ㅣ	ㅟ	ㅡ	ㅜ
중모음	ㅔ	ㅚ	ㅓ	ㅗ
저모음	ㅐ		ㅏ	

2. 음운의 변동

1) 음절의 끝소리 규칙

우리말에서 음절의 끝소리로 발음되는 'ㄱ,ㄴ,ㄷ,ㄹ,ㅁ,ㅂ,ㅇ' 외의 자음이 음절의 끝에 올 때, 이 **7자음 중 하나로 바뀌어서 발음**되는 음운의 변동 현상.

① 홑받침 중 표기와 소리가 다른 경우

ㅋ,ㄲ ⇨ ㄱ	밖 ⇨ [박]/ 부엌 ⇨ [부억]
ㅅ,ㅆ,ㅈ,ㅊ,ㅌ,ㅎ ⇨ ㄷ	낫 ⇨ [낟]/ 났(다) ⇨ [낟]/ 낮 ⇨ [낟]/ 낯 ⇨ [낟]/ 낱 ⇨ [낟]/ 히읗 ⇨ [히읃]
ㅍ ⇨ ㅂ	잎 → [입]

② 겹받침의 발음

ㄳ, ㄵ, ㄶ, ㄽ, ㄾ, ㅀ, ㅄ ➡ **첫째 자음**이 남음	넋 ⇨ [넉]/ 곬 ⇨ [골]/ 값 ⇨ [갑]/ 핥(다) ⇨ [할]/ 앓(다) ⇨ [알]
	※ 'ㄼ'은 예외 '밟-'은 자음 앞에서, '넓'은 다음과 같은 경우에 'ㅂ'로 발음 됨 밟다 ⇨ [밥따]/ 넓죽하다 ⇨ [넙쭈카다](넓둥글다 / 넓죽하다)
ㄺ, ㄻ, ㄿ ➡ **둘째 자음**이 남음	닭 ⇨ [닥]/ 삶 ⇨ [삼]/ 읊(다) ⇨ [읍]
	※ 'ㄺ'은 예외: 용언의 어간 받침 'ㄺ'은 'ㄱ' 앞에서 'ㄹ'로 발음 됨. 맑고 ⇨ [말꼬]/ 묽게 ⇨ [물께]/ 얽거나 ⇨ [얼꺼나]

○ 받침 뒤에 모음으로 시작되는 음절이 오는 경우

"실질형태소가 후행"	"형식 형태소가 후행"	
	홑자음	겹자음
1음절 때와 동일 입 위 ⇨ [입위 → 이뷔] 옷 안 ⇨ [옫안 → 오단] 부엌 안 ⇨ [부억안 ⇨ 부어간]	받침이 뒷모음의 초성으로 됨 별이 ⇨ [벼리]/ 잎은 ⇨ [이픈]/ 옷이 ⇨ [오시]	겹자음 중 뒤의 것이 뒷모음의 초성으로 옴 밟아 ⇨ [발바]/ 읽어 ⇨ [일거]/ 넓어 ⇨ [널버]

2) 자음동화

자음과 자음이 만났을 때. 서로 영향을 주고 받아 한쪽이나 양쪽 모두 비슷한 소리로 바뀌는 음운의 변동 현상.

① 자음동화 규칙

받침		인접자음		받침발음		인접자음 발음	예)
ㅂ,ㄷ,ㄱ	+	ㅁ,ㄴ	➡	ㅁ,ㄴ,ㅇ	+	ㅁ,ㄴ	예) 밥물[밤물], 맏며느리[만며느리], 국물[궁물]
ㅁ,ㅇ	+	ㄹ	➡	ㅁ,ㅇ	+	ㄴ	예) 남루[남누], 종로[종노]
ㅂ,ㄷ,ㄱ	+	ㄹ	➡	ㅁ,ㄴ,ㅇ	+	ㄴ	예) 섭리[섭니 ⇨ 섬니], 박람회[박남회 ⇨ 방남회]
ㄴ	+	ㄹ	➡	ㄹ	+	ㄹ	예) 신라[실라], 논리[놀리]
ㄹ	+	ㄴ	➡	ㄹ	+	ㄹ	예) 칼날[칼랄]

② 자음동화 종류 : 동화의 방향에 따라

순행 동화	뒷자음이 앞자음을 닮아 바뀌는 경우	예) 칼날[칼랄], 담력[담녁], 침략[침냑], 대통령[대통녕],
역행 동화	앞자음이 뒷자음을 닮아 바뀌는 경우	예) 국난[궁난], 입는[임는], 닫는[단는], 먹는[멍는],
상호 동화	앞뒤 다음이 모두 바뀌는 경우	예) 국력[궁녁], 백로[뱅노], 백리[뱅니], 협력[혐녁]

3) 구개음화

구개음이 아닌 소리 'ㄷ,ㅌ'이 모음 'ㅣ'로 시작되는 형식형태소와 만나면 구개음 'ㅈ,ㅊ'으로 바뀌어 소리나는 음운의 변동 현상.

- ㄷ,ㅌ + ㅣ ➡ ㅈ,ㅊ

  예) 굳이 [구지] , 미닫이 [미다지] , 붙이다 [부치다] , 밭이 [바치]

4) 된소리되기 : 예사소리였던 것이 <u>된소리로 바뀌어</u> 발음되는 현상.

예) 등+불 ⇨ [등뿔],   밥+도 ⇨ [밥또],   봄+바람 ⇨ [봄빠람],   닫+고 ⇨ [다꼬]

5) 음운의 축약 : 두 음운이 합쳐져서 <u>하나의 음운으로 줄어</u> 소리나는 음운의 변동 현상

① 자음의 축약 : 'ㄱ, ㄷ, ㅂ, ㅈ' 과 'ㅎ'이 만나면 두 음운이 합쳐져서 <u>'ㅋ, ㅌ, ㅍ, ㅊ'으로 발음</u> 됨.

예) 국화[구콰] , 축하 [추카] , 먹히다[머키다], 좁히다[조피다]

② 모음의 축약

ㅣ	+	ㅓ,ㅐ	➡	ㅕ,ㅒ	예) 그리- + -어 ⇨ [그려]
ㅏ, ㅓ, ㅗ, ㅜ, ㅡ	+	ㅣ	➡	ㅐ,ㅔ,ㅚ,ㅟ,ㅢ	예) 누- + -이다 ⇨ [뉘다] 뜨- + -이다 ⇨ [띄다]
ㅗ	+	ㅏ	➡	ㅘ	예) 보- + -아 ⇨ [봐]
ㅜ, ㅚ	+	ㅓ	➡	ㅝ, ㅙ	예) 주-+어 ⇨ [줘]

6) 음운의 탈락 : 두 음운이 만나면서 한 음운이 아예 사라져 소리나지 않는 음운의 변동 현상.

① 자음 탈락 : 솔+나무 ⇨ [소나무]/ 딸+님 ⇨ [따님]/ 울+는 ⇨ [우는]/ 짓+어 ⇨ [지어]

② 모음 탈락 : 담그+아 ⇨ [담가]/ 쓰+어 ⇨ [써]/ 푸+어 ⇨ [퀴]

|||| 문법 개념 확인

♛ 다음 음운의 개수를 쓰시오.

01. 어머니 :   **02.** 콩나물 :   **03.** 닭다리 :

👑 다음 빈칸을 채우시오

단어	발음	음운현상	단어	발음	음운현상
백로			따님		
소나무			축하		
맏이			속리산		
낱			바느질		
앞날			닭		
끝이야			칼날		
담녁			신라		
닫는			굽히다		
써라			넓다		
밟다			독립		

⫼⫼⫼ 확인문제

01. 다음 중 음운의 개수가 가장 <u>많은</u> 단어는?

① 강물 ② 토끼 ③ 안개 ④ 아버지 ⑤ 이야기

02. 다음 중 국어의 음운과 관련한 설명으로 적절하지 <u>않은</u> 것은?

① 모음의 개수는 21개, 자음의 개수는 19개이다.

② 자음은 소리 나는 위치에 따라 입술소리, 잇몸소리, 셋입천장소리, 여린입천장소리, 목청소리로 나뉜다.

③ 자음은 발음할 때 목청이 울리지 않는 소리이다.

④ 모음은 공기의 흐름이 장애를 받지 않고 순조롭게 나오는 소리이다.

⑤ 모음은 발음할 때 입술이나 혀가 고정된 채 발음되는 경우도 있고 움직이는 경우도 있다.

03. 다음 단어를 올바르게 발음한 것은?

① 흙 – [흘]　　　② 삯 – [산]　　　③ 없다 – [업따]

④ 맑다 – [말따]　　⑤ 넓고 – [넙꼬]

04. 다음 중 발음이 바르지 <u>않은</u> 것은?

① 잎에[이페]　　　② 읽어[일거]　　　③ 옷이[오치]

④ 흙이[흘기]　　　⑤ 햇빛이[해삐치]

05. 자음 동화에 대한 설명으로 바르지 <u>않은</u> 것은?

① 두 음운이 만나 둘 다 변할 수도 있다.

② '백로→ 뱅로→ 백노'와 같이 발음이 변한다.

③ 'ㄴ'과 'ㄹ'이 만나면 어느 하나는 다른 음운으로 바뀐다.

④ '닫는[단는]'에서 'ㄷ' 소리가 변하는 것은 비음 'ㄴ'의 영향이다.

⑤ 자음이 주위 다른 음운의 영향으로 그와 같거나 비슷한 소리로 변하는 현상이다.

06. 다음 중 음운의 변동을 <u>잘못</u> 분석한 것은?

① 담력 : ㅁ+ㄹ → ㅁ+ㄴ　　　② 칼날 : ㄹ+ㄴ → ㄹ+ㄹ

③ 백로 : ㄱ+ㄹ → ㄱ+ㄴ　　　④ 닫는 : ㄷ+ㄴ → ㄴ+ㄴ영향이다.

⑤ 종로 : ㅇ+ㄹ → ㅇ+ㄴ

07. 다음 중 구개음화에 대한 설명으로 적절하지 <u>않은</u> 것은?

① 음운의 동화 중 하나이다.

② 자음 'ㄷ, ㅌ'이 모음 'ㅣ'를 만나 'ㅈ, ㅊ'으로 바뀌어 소리 나는 현상이다.

③ '밭이, 굳이' 등이 그 예이며 표기에는 반영하지 않는다.

④ 발음을 조금 더 쉽게 하려는 의도에서 비롯된 현상이다.

⑤ 반드시 자음과 자음이 만나 서로 영향을 받아야 일어나는 현상이다.

08. 다음 중 구개음화가 일어나는 낱말이 <u>아닌</u> 것은?

① 선생님은 편지에 풀을 <u>붙이고</u> 계셨다.

② 어머니는 누구보다도 <u>맏이</u>를 더 귀여워하셨다.

③ 1박 2일 촬영 팀은 제주도에서 <u>해돋이</u>를 보았다.

④ 화보 촬영으로 그녀의 얼굴이 <u>햇볕에</u> 검게 그을렸다.

⑤ 전쟁 중에 유일한 <u>피붙이</u>인 동생과 헤어지게 되었다.

09. 다음 중 음운의 변동이 알맞지 <u>않은</u> 것은?

① 되 +어→ 돼　　② 두 + 어라→ 뒤라　　③ 보 +아서→ 봬서

④ 고 +이다→ 괴다　　⑤ 그리 +어→ 그려

10. 다음 중 음운의 축약이 일어난 낱말끼리 짝지어진 것은?

① 입는, 닫는, 학문　　② 국화, 맏형, 젖히다.　　③ 신록, 한라산, 대통령

④ 종로, 좁히다, 노랗다　　⑤ 축하, 꽃밭이, 가을걷이

11. <보기>에 해당하는 음운 변동의 예로 알맞은 것은?

―――――――――――――――〈 보기 〉―――――――――――――――

서로 만나는 두 음운 중 어느 하나가 없어지는 현상

――――――――――――――――――――――――――――――――

① 섭리　　② 같이　　③ 그려　　④ 아드님　　⑤ 하얗다

12. 다음 중 음운의 탈락 현상을 찾을 수 <u>없는</u> 경우는?

① 아이가 우니 어머니도 따라 울었다.

② 그녀의 바느질 솜씨를 따라올 사람은 없다.

③ 그녀가 혼이 난 이유는 밥을 남겼기 때문이다.

④ 빚을 다달이 갚아 나가야 하는 입장이다.

⑤ 소나무 숲에 가면 정신이 맑아진다.

개념 정리 ..

01 :: 음운

1. 형태소의 개념과 형태소의 종류

1) 형태소의 개념 : 뜻을 가진 가장 작은 말의 단위. (더 나누면 뜻을 잃어버림)

2) 형태소의 특성

자립성의 유무에 따라	자립형태소	홀로 쓰일 수 있는 형태소 예) 산, 하늘
	의존형태소	홀로 쓰일 수 없어 항상 다른 형태소에 의존하여 쓰이는 형태소 예) 과, 이, 푸르- , -다
의미나 기능에 따라	실질형태소	실질적인 뜻을 지닌 형태소 예) 산, 하늘, 푸르-
	형식형태소	실질 형태소에 붙어서 여러 가지 문법적 기능을 하는 형태소 예) 과, 이, -다

2. 단어의 개념

① 단어의 개념

자립적으로 쓰일 수 있는 말 또는 자립할 수 있는 형태소에 붙어서 쉽게 분리할 수 있는 말

예) 개나리가 활짝 피었다 ⇨ 장미/가/활짝/피었다 ➡ (단어 : 4)

② 음절의 개념 : 한 번에 소리 낼 수 있는 소리마디

예) 하늘에서 눈이 내린다 ⇨ 하/느/레/서/누/니/내/린/다 ➡ (음절 : 9)

③ 어절의 개념 : 끊어 읽는 대로 나누어진 도막도막의 마디

예) 바람이 세차게 분다 ⇨ 바람이 / 세차게/ 분다 ➡ (어절 : 3)

3. 어근과 접사

1) 어근과 접사

① 어근의 개념 : 단어를 형성 할 때 실질적인 의미를 나타내는 형태소

  예) 물(어근) + 그릇 (어근)

② 접사의 개념 : 어근에 붙어 특정한 의미나 기능을 더해주는 형태소

  예) 날- (접사 '말리거나 익히거나 가공하지 않은') + 고기 (어근)

2) 접사의 종류

① 접두사 : 어근 앞에 붙어서 그 어근에 뜻을 더해 주는 접사

예	의미	쓰임	예	의미	쓰임
개-	좋은 것이 아닌 야생의	개떡, 개살구	풋-	처음 나온, 미숙한	풋감, 풋사랑
치-	위로 향하게	치솟다, 치뜨다	덧-	거듭된, 겹쳐 입은	덧니, 덧신
맨-	다른 것이 없는	맨땅, 맨주먹	날-	말리거나 익히거나 가공하지 않은	날것, 날고기
햇-	그 해에 새로 난	햇과일, 햇곡식	알-	겉을 덮어 싼 것이나 딸린 것을 다 제거한, 진짜	알밤, 알부자

② 접미사 : 어근의 뒤에 붙어서 그 뜻을 더하기도 하고, 때로는 품사를 바꾸기도 함

예	의미	쓰임	예	의미	쓰임
-보	그것을 특성으로 지닌 사람	꾀보, 잠보	-장이	그것과 관련된 기술을 가진 사람	옹기장이, 양복장이
-꾼	어떤 일을 전문적, 습관적으로 하는 사람	사냥꾼, 잔소리꾼	-쟁이	그것이 나타내는 속성을 많이 가진 사람	욕심쟁이, 겁쟁이
-질	그 도구를 가지고 하는 일	걸레질, 손가락질	-개	간단한 도구의 뜻을 더함	지우개, 덮개

4. 단어의 형성법

단어	단일어		홀로 쓰일 수 있는 하나의 어근만으로 이루어진 단어	예) 사과, 나무, 하늘, 뛰다
	복합어	합성어	어근과 어근이 결합하여 만들어진 단어	예) 논밭 (논+밭)
		파생어	어근과 접사가 결합하여 만들어진 단어	예) 햇밤 (햇+밤)

5. 틀리기 쉬운 단어의 형성법

1) 합성어

결합방식에 따라	대등관계	예) 손발(손+발), 검붉다(검+붉다)
	수식관계	예) 손수건(손+수건), 책가방(책+가방)
	새로운 의미	예) 밤낮(→늘), 피땀(→노력), 강산(→자연의 경치)
형태 변화에 따라	변화가 없음	예) 손가락(손+가락), 높푸르다(높-+푸르-)
	변화가 있음	예) 대여섯(다섯+여섯), 달걀(닭+알), 여닫다(열-+닫-), 마소(말+소), 부삽(불+삽), 우짖다(울+짖다), 이튿날 (이틀+날)
형성 방법에 따라	통사적 합성어	예) 사과나무 (사과+나무)
	비통사적 합성어	예) 부슬비 (부사가 체언 앞에 옴), 여닫다 (연결어미 '-고'의 생략)

2) 파생어

접사 종류에 따라	접두사에 의한 파생	예) 덧신, 날고기, 헛소문
	접미사에 의한 파생	예) 선생님, 심술쟁이
품사 변화에 따라	품사 변화가 없음	예) 햇 + 과일 → 햇과일
	품사 변화가 없음	예) 지우-(동사) + 개 → 지우개

♛ 다음 문장을 형태소로 나누시오.

나는 풋사과와 김밥을 먹었다.		아침에 바람이 많이 불었다.	
자립형태소		자립형태소	
의존형태소		의존형태소	
실질형태소		실질형태소	
형식형태소		형식형태소	

♛ 다음 문장을 형태소로 나누시오.

가위, 가위질, 풋사과, 달리다, 개집, 개철쭉, 막일, 뛰어놀다, 하늘, 돌다리, 덧신, 등불, 덮개, 구경꾼, 보름달, 새파랗다

- 단일어 :

- 합성어 :

- 파생어 :

01. 〈보기〉의 문장에서 밑줄 친 형태소의 종류로 알맞은 것은?

———————————————〈 보기 〉———————————————

하늘은 스스로 돕는 자를 **돕**는다.

————————————————————————————————————

① 실질 형태소, 자립 형태소   ② 실질 형태소, 의존 형태소

③ 실질 형태소, 형식 형태소   ④ 형식 형태소, 의존 형태소

⑤ 형식 형태소, 자립 형태소

01. <보기>의 문장에서 실질 형태소를 찾아 알맞게 묶은 것은?

―――――――――――――――――――〈 보기 〉―――――――――――――――――――

오늘은 날씨가 무척 덥다.

――

① -은, -가, -다　　　　　　　　　② 오늘, 날씨, 무척

③ -은, -가, 덥-, -다　　　　　　　④ 오늘, 날씨, 무척, 덥-

⑤ 오늘, 날씨, 무-, -척, 덥-

03. 다음 설명으로 적절하지 <u>않은</u> 것은?

① 조사는 단어 인정한다.

② 단어는 더 나누어지면 뜻이 없어진다.

③ 단어는 자립적으로 쓸 수 있는 말이다.

④ '먹다'는 두개의 형태소로 이루어진 낱말이다.

⑤ 어떤 단어라도 최소한 하나의 형태소는 지니고 있다.

04. 다음 보기를 기준별로 나눈 것으로 적절하지 <u>않은</u> 것은?

―――――――――――――――――――〈 보기 〉―――――――――――――――――――

점심에 국수를 먹었다.

――

① 단어 : 점심, 에, 국수, 를, 먹었다.

② 자립 형태소 : 점심, 국수

③ 의존 형태소 : 에, 를, 먹-, -었-, -다

④ 실질 형태소 : 점심, 국수, 먹-, -었-

⑤ 형식 형태소 : 에, 를, -었-, -다

05. <보기>의 낱말에 대한 설명으로 알맞은 것은?

―――――――――――――――――〈 보기 〉―――――――――――――――――

덮개

―――

① 접두사의 활용이 나타난다.

② 하나의 형태소로 이루어져 있다.

③ '눈사람'과 낱말형성법이 동일하다.

④ 어근에 접사가 결합되어 이루어진 낱말이다.

⑤ 어근끼리 결합하면서 새로운 의미를 갖게 된 낱말이다.

06. <보기>의 낱말에 대한 설명으로 적절하지 <u>않은</u> 것은?

―――――――――――――――――〈 보기 〉―――――――――――――――――

봄바람, 풋과일

―――

① 봄바람은 합성어이다.

② 풋과일은 파생어이다.

③ 봄바람은 복합어이다.

④ 풋과일은 단일어이다.

⑤ 두 낱말 모두 두 개의 형태소로 이루어져 있다.

07. 다음 '단어의 형성'에 대한 설명으로 알맞지 <u>않은</u> 것은?

① '밤'과 '나무'는 단일어이다.

② '밤나무'는 '밤'과 '나무'의 형태소로 이루어져 있다.

③ '밤나무'는 '봄비', '봄바람'과 단어 형성 방법이 같다.

④ '밤나무'는 각각 실질적인 의미를 지니는 형태소들로 이루어진 단어이다.

⑤ '밤나무'는 '밤-'이라는 접사와 '나무'라는 어근이 결합하여 만들어진 파생어이다.

08. 다음 보기 중 '서울내기'와 단어 형성 방법이 같은 것끼리 묶은 것은?

───────〈 보기 〉───────

㉠ 풋콩　　　　㉡ 고추밭　　　　㉢ 햇감자　　　　㉣ 봄나물　　　　㉤ 보통내기
　　㉥ 선생님　　　　㉦ 개꿈　　　　㉧ 책가방　　　　㉨ 사과나무

① ㉠, ㉡, ㉣, ㉥, ㉨
② ㉠, ㉢, ㉣, ㉧, ㉨
③ ㉠, ㉢, ㉤, ㉥, ㉦
④ ㉡, ㉢, ㉤, ㉥, ㉨
⑤ ㉣, ㉤, ㉥, ㉧,

🚌 개념 정리 ⸳⸳

6. 품사

1) 품사(品詞) 의 개념 : 단어를 공통된 문법적 성질에 따라 나누어 놓은 갈래

2) 품사의 분류 기준

① 형태 : 단어의 형태가 변하는가 변하지 않는가 (가변어 / 불변어)

② 기능 : 단어가 문장에서 어떤 기능을 하는가

③ 의미 : 단어들이 가지고 있는 공통된 의미에 따라

(　　　　)에 따라	(　　　　)에 따라	(　　　　)에 따라
변하지 않는 단어	체언	명사
		대명사
		수사
	수식언	관형사
		부사
	독립언	감탄사
	관계언	조사
변하는 단어	용언	동사
		형용사

3) 체언 : 문장에서 주어, 목적어, 보어의 역할을 함

① **명사 :** 구체적인 대상의 <u>이름</u>이나 추상적인 대상의 이름을 나타내는 단어 예) 꽃, 책상, 사랑, 평화

② **대명사 :** 사람, 사물, 장소의 <u>이름을 대신</u> 나타내는 단어 예) 나, 너, 이것, 저것, 여기

③ **수사 :** <u>수량이나 순서를 나타내는</u> 단어 예) 하나, 둘 , 첫째 , 둘째

4) 수식언 : 문장에서 다른 단어를 꾸며주는 역할을 함

① **관형사 :** 체언 앞에 높여서 <u>체언을 꾸며</u> 주는 단어 예) 모든, 새, 헌, 옛

② **부사 :** 주로 용언 앞에서 <u>용언을 꾸며</u> 주는 단어 예) 매우, 아주, 잘, 정말

5) 독립언 : 문장에서 독립적으로 쓰임.

O 감탄사 : 놀람, 느낌, 부름, 대답 등을 나타내는 단어 예) 어머나, 에구머니, 예, 앗

6) 관계언 : 문장에 쓰인 단어들의 관계를 나타냄.

O 조사

① 체언 뒤에 붙어서 다른 말과 문법적인 관계를 나타내 주거나, 특별한 뜻을 더해주는 단어. 예) 이, 를 , 는 , 가

② 서술격조사 '이다' : 조사는 불변어이지만 '이다' 는 활용이 가능함. 예) 이다, 이고, 이니

7) 용언 : 문장에서 주로 서술어로 쓰임.

① **동사 :** 사람이나 사물의 <u>움직임</u>을 나타내는 단어 예) 오다, 먹다, 읽다

② **부사 :** 사람이나 사물의 <u>상태나 성질</u>을 나타내는 단어 예) 아릅답다, 슬프다, 달다

8) 틀리기 쉬운 품사

① 관형사와 대명사의 구별법 : 뒤에 조사가 붙으면 대명사

　　예) <u>그</u>(➡ 관형사) 남자는 천재이지만 <u>그</u>(➡ 대명사)는 노력하지 않는다.

② 관형사와 수사의 구별법 : 뒤에 조사가 붙으면 수사

　　예) **열**(➡ 관형사) 사람이 지나갔다. **열**(➡ 관형사)에서 아홉을 빼면 하나이다.

③ 관형사와 형용사의 구별법 : 활용이 가능하면 형용사

　　예) **예쁜**(➡ 형용사) 곰돌이 인형을 샀다.

👑 다음 문장의 '품사'를 각각 쓰시오.

01. 나무에서 사과 하나가 떨어졌다.

02. 온갖 종류의 꽃이 피었다.

03. 철수야, 토요일에 무척 재미있는 영화 볼래?

04. 새로 산 신발이 아주 예쁘구나

01. 다음 중 품사에 대한 설명으로 옳지 <u>않은</u> 것은?

① 품사는 형태상 불변어와 가변어로 나뉜다.

② 의미상으로 분류하면 6개의 품사로 나뉜다.

③ 품사는 형태, 기능, 의미를 기준으로 하여 분류할 수 있다.

④ 기능상으로 분류하면 체언 , 용언, 수식언, 독립언, 관계언으로 나뉜다.

⑤ 품사란 단어를 문법적 성질이 같은 것끼리 갈래지은 것을 말한다.

02. 다음 밑줄 친 단어 중 형태가 변하지 <u>않는</u> 품사는?

① 그녀는 참 <u>멋지다</u>.

② 우리들은 모두 그녀를 <u>좋아했다</u>.

③ 그와의 이별에 하늘도 비를 <u>내렸다</u>.

④ 힘이 들면 눈물 흘릴 수 있어서 다행<u>이다</u>.

⑤ 골목에서 첫 눈에 반한 사람은 바로 <u>당신</u>이야.

03. 다음 중 체언에 대한 설명으로 옳지 <u>않은</u> 것은?

① 홀로 쓰이거나 조사와 결합하여 쓰인다.

② '누구' 또는 '무엇'을 나타내는 말이다.

③ 문장에서 주로 주어, 목적어, 보어로 쓰인다.

④ 주로 서술어로 사용되며, 부사의 꾸밈을 받는다.

⑤ 단어의 형태가 고정되어 변하지 않는 불변어이다.

04. 다음 중 관형사가 사용되지 <u>않은</u> 문장은?

① 혹시 <u>그</u> 사람을 봤니?

② 나 이번에 <u>새</u> 옷을 장만했어.

③ 그는 사실 <u>두</u> 사람을 사랑하고 있어.

④ 이번 프로젝트는 <u>제발</u> 잘돼야 할 텐데

⑤ 이제 <u>헌</u> 신발을 버리고 새 것을 신으렴

05. 다음 중 부사가 사용되지 <u>않은</u> 문장은?

① 내가 춤을 <u>잘</u> 춘다.

② 그녀의 이마는 <u>매우</u> 넓다.

③ 요즘은 정말 <u>너무</u> 한가하다.

④ <u>다행히</u> 다친 사람은 없었다.

⑤ 시장에는 <u>온갖</u> 물건들이 있다.

06. 다음 〈보기〉에서 밑줄 친 단어들의 품사로 알맞은 것은?

─────────────〈 보기 〉─────────────

선생님**께서** 너를 좋아하시는 것은 사실**이다**.

──────────────────────────────

① 명사   ② 동사   ③ 조사   ④ 관형사   ⑤ 감탄사

07. 다음 밑줄 친 단어들 중, 체언 뒤에 붙어서 다른 말과의 문법적 관계를 나타내 주거나 특별한 뜻을 더해주는 역할을 하는 말이 <u>아닌</u> 것은?

① 나는 김치<u>도</u> 좋아한다.

② 나<u>는</u> 조용하게 지내고 싶었다.

③ 장미가 <u>참</u> 아름다워 보였다.

④ 나는 바다<u>보다</u> 산을 좋아한다.

⑤ 철수는 말고, 너<u>만</u> 같이 가면 좋겠다.

08. 다음 문장에 배열된 단어들의 품사를 바르게 배열한 것은?

> 어이쿠, 원숭이가 빨리 내려오네.

① 부사-명사-조사-부사-형용사
② 감탄사-명사-조사-부사-동사
③ 부사-대명사-부사-조사-동사
④ 감탄사-명사-조사-관형사-동사
⑤ 감탄사-명사-조사-관형사-형용사

09. 다음 중 품사와 그에 대한 예가 바르게 제시되지 <u>않은</u> 것은?

① 명사 – 하늘은 왜 그를 데려갔을까?
② 수사 – 첫째는 책임감이 누구보다 강해.
③ 사 – 나는 매력적인 그녀의 볼이 참 좋다.
④ 조사 – 그런 일이라면 반장인 너부터 했으면 해.
⑤ 부사 – 배가 고파서 음식을 너무 많이 먹게 되었어.

10. 다음 밑줄 그은 낱말의 품사를 순서대로 쓰시오.

> ㉠<u>너는</u>　　　　㉡<u>예쁜</u>　　　　㉢<u>꽃을</u>　　　　㉣<u>보았니?</u>

11. 밑줄 친 품사의 종류가 <u>다른</u> 하나는?

① <u>저</u> 분은 누구신가요?
② <u>그</u>가 저기 오고 있네요.
③ <u>이</u> 학생이 우리 반 반장입니다.
④ <u>그</u> 눈을 바라보면 마음이 따뜻해져요.
⑤ 내가 사랑하는 <u>그</u> 사람은 이제 여기 없다.

🚗 개념 정리 ··

03 :: 문장

1. 문장의 개념

1) 문장의 개념 : 생각, 감정을 말로 표현할 때 <u>완결된 내용</u>을 나타내는 최소 단위.

2) 문장의 구조

① 주어부 : 문장에서 설명의 대상이 되는 부분 (누가/무엇이)

② 서술부 : 문장에서 대상을 설명하는 부분 (어찌하다/ 어떠하다/무엇이다)

　　예) **빨간 장미꽃이(➡ 주어부) 매우 아름답게 피어 있다.**(➡ 서술부)

③ 문장성분 : 한 문장을 구성하는 요소

주성분 문장을 이루는 기본성분	서술어	문장에서 설명하고자 하는 대상.
	주어	주어의 동작, 상태를 설명하는 부분.
	목적어	서술어의 동작 대상이 되는 성분
	보어	'되다, '아니다'가 주어 외에 꼭 필요로 하는 성분임
부속성분 주성분을 자세히 꾸며주는 성분	관형어	체언을 수식하는 문장성분
	부사어	용언 뿐 아니라 관형어나 다른 부사어를 수식하고, 문장이나 단어를 이어줌.
독립성분 주성분,부속성분과 구별되는 독립된 성분	독립어	문장의 어느 성분과도 직접적 관련이 없는 문장성분

2. 문장성분

1) 주성분

① 주어 : 문장에서 설명하고자 하는 대상. (무엇이/누가) 예) **현진이는** 학생이다/ **꽃이** 아름답다/ **순이가** 달려간다.

② 서술어 : 주어의 동작, 상태를 설명하는 부분. (무엇이다/ 어떠하다/어찌하다)

　　예) 현진이는 **학생이다**/ 꽃이 **아름답다**/ 순이가 **달려간다.**

○ 서술어의 자릿수

- 한자리 : 주어 하나만 필요로 함. 예)바다가 **푸르다.**

- 두자리 : 주어 외에 목적어나 보어나 부사어를 필요로 하는 서술어 예) 나는 책을 **읽는다**.
- 세자리 : 주어와 목적어와 부사어를 필요로 함. 예) 윤희가 연필을 철수에게 **주었다**.

③ 목적어 : 서술어의 동작 대상이 되는 성분. (누구를/무엇을) 예) 진희가 **밥을** 먹는다./ 현진이는 **야구를** 좋아한다.

④ 보어 : '되다, '아니다'가 주어 외에 꼭 필요로 하는 성분임 (무엇이 /누가)

예) 물이 **얼음이** 되었다./ 영희는 **미인이** 아니다.

2) 부속성분

① 관형어 : 체언을 수식하는 문장성분 (어떤) 예) **새** 옷이 예쁘다./ 그는 **친구의** 동생이다/ **예쁜** 꽃이 피었다.

② 부사어 : 용언 뿐 아니라 관형어나 다른 부사어를 수식하고, 문장이나 단어를 이어줌. (어떻게/ 어디서)

예) 코스모스가 **참** 예쁘다./ 학생들이 **운동장에서** 논다./ **과연** 그 앤 똑똑하구나.

3) 독립성분

ㅇ 독립어 : 문장의 어느 성분과도 직접적 관련이 없는 문장성분 (어떤) 예) **예**, 그렇게 할게요./ **선호야**, 이리 와.

ⅢⅢ 문법 개념 확인

♛ 다음 문장의 문장 성분을 적으시오.

01. 그는 대통령이 되었다.

02. 달이 아주 밝다.

03. 과연 그는 훌륭하다.

04. 나는 너를 사랑한다.

05. 빨간 단풍잎이 떨어진다.

06. 경규야, 전화 받아

07. 그녀는 예쁜 마음씨를 가졌다.

01. 다음 문장 중 서술어의 자릿수가 <u>다른</u> 하나는?

① 물이 얼음이 **되었다**.

② 아름이가 책을 **읽는다**.

③ 이곳의 기후는 농사에 **적합하다**.

④ 할아버지께서 우리들에게 세뱃돈을 **주셨다**.

⑤ 소년이 새끼줄을 **흔들었다**.

02. 다음 밑줄 친 부분이 문장을 구성하는 데 있어 반드시 필요한 문장 성분이 <u>아닌</u> 것은?

① <u>사람들은</u> 함께 놀았다.　　　　② 나그네는 <u>먹이를</u> 암탉에게 주었다.

③ 그는 <u>유명한</u> 연예인이 되었다.　　④ 영웅은 <u>나쁜</u> 사람들도 구했다.

⑤ 나는 <u>예쁜</u> 장미꽃을 받았다.

03. 다음 중 서술어에 대한 설명으로 알맞지 <u>않은</u> 것은?

① '어찌하다, 어떠하다, 무엇이다'에 해당하는 말이다.

② 앞에 오는 '누가, 무엇이'에 해당하는 말을 풀이하는 성분이다.

③ 다른 문장 성분들과 직접적으로 또는 간접적으로 관계를 맺고 있다.

④ 서술어가 필요로 하는 주성분의 개수에 따라 서술어 자릿수가 결정된다.

⑤ 문장을 이루는 여러 가지 성분 중에서 문장의 형성에 가장 중요한 구실을 한다.

04. 다음 중 밑줄 그은 문장 성분의 성격이 가장 <u>이질적인</u> 경우는?

① <u>팥쥐는</u> 못된 동생이다.　　　　② <u>잘생긴</u> 해모수는 왕자님이다.

③ <u>공주가</u> 매우 아름답다.　　　　④ <u>자명고는</u> 찢기면 울린다.

⑤ <u>혜영인</u> 상미와 매우 다르다.

05. 다음 〈보기〉의 밑줄 친 단어의 문장성분에 대한 설명으로 적절한 것은?

〈 보기 〉

  ㉠ 이상한   ㉡ 냄새가   ㉢ 방을   ㉣ 오래도록   ㉤ 채웠다.

---

① ㉠ - 주어의 동작, 상태를 나타내는 말이다.

② ㉡ - 서술어의 동작 또는 상태나 성질의 주체를 나타내는 말이다.

③ ㉢ - 문장을 이루는 데 꼭 필요한 성분으로서, 서술어 '되다', '아니다'의 의미를 보충하는 말이다.

④ ㉣ - 서술어가 필요로 하는 말 가운데 '누구를', '무엇을'에 해당하는 말이다.

⑤ ㉤ - 다른 성분과 직접 관계를 맺지 않으며, 생략해도 문장 형성에 영향이 없는 성분이다.

06. 다음 중, 문장의 주성분이 <u>아닌</u> 것은?

① 주어   ② 목적어   ③ 서술어   ④ 보어   ⑤ 부사어

07. 다음 밑줄 친 말 중, 주어가 <u>아닌</u> 것은?

① <u>바람</u> 들어온다.   ② <u>아버지께서</u> 주무신다.

③ 물이 <u>얼음이</u> 되었다.   ④ <u>지수는</u> 노래를 잘 한다.

⑤ <u>우리 학교에서</u> 시화전을 연다.

08. 다음 중, 서술어를 바르게 지적한 것은?

① 영수야, 너 <u>어디</u> 가니?   ② 우리 교실은 매우 <u>조용하다</u>.

③ 나는 그만 울어 <u>버렸다</u>.   ④ 나뭇가지가 <u>바람에</u> 흔들린다.

⑤ 세상은 빠르게 변화하고 <u>있다</u>.

09. 다음 중, 보어가 들어 있는 문장은?

① 너는 언제 서울에 가니?
② 철수는 국가 대표 선수가 되었다.
③ 우리 나라 사람들은 인정이 많다.
④ 나는 그 가수의 노래를 좋아한다.
⑤ 나는 내년쯤 유학을 갈 생각이다.

🚗 개념 정리 ..

3. 문장의 확대

문장	홑문장		주어와 서술어의 관계가 한 번만 이루는 문장.	예) 꽃이 피었다.
	겹문장	안은 문장	다른 문장을 절의 형식으로 안고 있는 문장.	예) 그녀는 그가 돌아오기를 바랐다.
		이어진 문장	둘 이상의 홑문장이 나란히 이어진 문장.	예) 현진이는 수학을 잘하는데, 영어는 못한다.

1) 안은문장

① 명사절 : 글 전체가 문장에서 주어, 목적어, 부사어 등의 기능

- 명사형 어미 : -(으)ㅁ, 기

  예) 우리는 **그가 정직한 사람임**을 늦게서야 말았다./ 우리는 **그가 정직한 사람이기를** 바랐다.

② 관형절 : 글 전체가 문장에서 관형어의 기능.

- 관형사형 어미 : -(으)ㄴ, -는, -(으)ㄹ, - 던

  예) 이 책은 **내가 (읽은 / 읽는 / 읽을 / 읽던)** 책이다./ **그녀가 돌아왔다는** 소문이 마을에 돌았다.

③ 부사절 : 글 전체가 부사어의 기능.

- 부사형 어미 : -이, -게, -(아)서, 도록

  예) 그는 **소리도 없이** 내게 왔다./ 꽃이 **아름답게** 피었다.

④ 서술절 : 글 전체가 문장에서 서술어의 기능.

- 특정한 절 표지가 없음.

  예) 현진이는 **마음씨가 착하다**./ 토끼는 **앞발이 짧다**.

⑤ 인용절 : 다른 사람의 말을 인용하는 것이 절의 형식으로 안김.

- 인용의 부사격 조사 : 라고, 고

예) 현진이는 "무슨 일이야?"**라고** 말했다. (직접)/ 선생님께서는 인간은 누구나 귀하다**고** 말씀하셨다. (간접)

2) 이어진 문장

① 대등하게 이어진 문장 : 이어지는 홑문장들의 의미관계가 대등함.(나열/대조/선택)

- 대등적 연결어미 : -고 , -(으)며 , -지만 , -(으)나 , -거나 , -든지

  예) 낮말은 새가 듣**고** 밤말은 쥐가 듣는다./ 현진이는 수학은 잘하**는데** 영어는 못한다.

② 종속적으로 이어진 문장 : 앞절과 뒤절의 의미가 독립적이지 못하고 종속적. (이유/조건/의도/결과)

- 종속적 연결어미 : -(아)서 , -(으)면 , -(으)려고 , -는데 , -(으)ㄹ 지라도

  예) 단비가 내려**서** 농작물이 잘 자란다./ 국민이 없**으면**, 나라도 없다.

ⅠⅠⅠⅠ 문법 개념 확인

다음 문장이 안긴 문장인지 이어진 문장인지 적으시오.

　　(안긴 문장 : 명사절, 관형절, 부사절, 서술절, 인용절 / 이어진 문장 : 대등, 종속)

01. 나는 기차가 출발하기를 기다린다.

02. 고양이는 내가 좋아하는 동물이다.

03. 비가 소리도 없이 내린다.

04. 토끼는 앞발이 짧다.

05. 철이는 메텔에게 도와달라고 소리쳤다.

06. 그는 그녀가 돌아오기를 기다린다.

07. 인생은 짧고, 예술은 길다

08. 밥을 먹어서 배가 부르다.

09. 나는 공부를 하려고 도서관에 갔다.

10. 철수는 키는 크나 힘은 약하다.

01. 다음 중, 안은 문장은?

① 봄이 오면 꽃이 핀다.

② 나는 오늘 내내 실수만 했다.

③ 나는 선생님을 매우 존경한다.

④ 추석은 우리 민족 최대의 명절이다.

⑤ 어떤 소년이 나에게 화장실이 어디냐고 물었다.

02. 다음 안은 문장에 들어 있는 절의 종류는?

> 땀이 비가 오듯이 쏟아진다.

① 명사절　　　② 서술절　　　③ 관형절　　　④ 부사절　　　⑤ 인용절

03. 다음 설명에 해당하는 절을 안은 문장은?

> '주어+서술어'의 절이 문장 전체의 서술어 역할을 한다.

① 그가 범인임이 밝혀졌다.

② 내 동생은 아직 철이 없다.

③ 현정이는 인사도 없이 가 버렸다.

④ 준이 가수가 되었다는 소문 들었니?

⑤ 철수는 어제 나에게 우리 집에 오겠다고 말했다.

04. 다음 중, 대등하게 이어진 문장은?

① 가을이 오면 낙엽이 진다.　　　② 날씨가 추우니 집에 있거라.

③ 수현이가 오거든 이것을 주어라.

④ 날이 갈수록 개울물은 여물어 갔다.

⑤ 단발머리를 나풀거리며 소녀가 달린다.

05. <보기>를 홑문장과 겹문장으로 바르게 나눈 것은?

─────────────< 보기 >─────────────

(가) 오늘 다운이는 민국이와 놀이 공원에 갔다.

(나) 아침 일찍 다운이는 민국이가 준 입장권을 가지고 시계탑 앞에서 기다렸다.

(다) 10분 정도가 지나자 민국이가 손을 흔들며 달려왔다.

(라) 다운이와 민국이는 입구에서 줄을 섰다.

(마) 줄이 아주 길었다.

(바) 그날은 모처럼 공휴일이어서, 사람들이 무척 많았다.

홑문장	겹문장
① (가), (라)	(나), (다), (마), (바)
② (라), (마)	(가), (나), (다), (바)
③ (가), (마)	(나), (다), (라), (바)
④ (가), (라), (마)	(나), (다), (바)
⑤ (가), (다), (라), (마)	(나), (바)

06. 다음 중 문장 구성 방식이 <u>다른</u> 하나는?

① 그는 우리가 돌아온 사실을 모른다.

② 그는 아는 것도 없이 잘난 척을 한다.

③ 한국인의 따듯한 마음을 안고 떠납니다.

④ 나는 그가 착한 사람이라는 생각이 들었다.

⑤ 내가 태어난 1950년에 6.25가 발발하였다.

07. 종속적으로 이어진 문장의 중에서 앞과 뒤의 문장이 '원인' 관계에 해당하는 문장은?

① 비가 <u>와서</u> 길이 질다.

② 기업이 <u>없으면</u> 근로자도 없다.

③ 내가 집에 <u>가는데</u>, 저쪽에서 누군가 달려왔다.

④ 설령 비가 <u>올지라도</u>, 우리는 어김없이 출발한다.

⑤ 한라산 등반을 <u>하려고</u> 우리는 아침 일찍 일어났다.

08. <보기>를 문장 구성 방식에 따라 바르게 나눈 것은?

———————————————————< 보기 >———————————————————

(1) 비가 그치고 날이 갰다.

(2) 도로가 눈이 와서 미끄럽다.

(3) 가을이 오면 낙엽이 떨어진다.

(4) 우리 선생님은 키가 매우 크다.

(5) 이 책은 내가 어릴 때 읽은 책이다.

(6) 비행기를 좋아하더니 그는 조종사가 되었다.

———

이어진문장	안은문장
① (1), (2)	(3), (4), (5), (6)
② (1), (2), (5)	(3), (4), (6)
③ (1), (3), (6)	(2), (4), (5)
④ (2), (3), (6)	(1), (4), (5)
⑤ (1), (2), (3), (6)	(4), (5)

O4 문법 이해하기

 Memo

Memo

교육방송

정답

맛있는 교재

정답

☕ 끝없는 강물이 흐르네

01. ⑤ **02.** ③ **03.** ④, ⑤ **04.** ⑤
05. ③ **06.** ③ **07.** ④
08. 내 마음의 어딘 듯한 곳, 가슴엔 듯, 눈엔 듯, 핏줄엔 듯, 마음이 도른도른 숨어 있는 곳

☕ 청포도

01. ④ **02.** ③ **03.** ⑤ **04.** 초인
05. ⑤ **06.** ① **07.** ④ **08.** ③

☕ 흔들리며 피는 꽃

01. ④ **02.** ⑤ **03.** ④ **04.** ③ **05.** ④
06. ④
07. 이 시는 바람과 비를 견디며 아름답게 꽃이 피었듯이 인간의 사랑과 삶도 역경이나 고난을 이겨냈을 때 완성된다는 깨달음을 전하고 있다.

☕ 접동새

01. ⑤ **02.** ① **03.** ② **04.** ② **05.** ①
06. ③ **07.** 접동새

☕ 하여가 / 단심가

01. ④ **02.** ③ **03.** ⑤ **04.** ⑤ **05.** ③
06. ③ **07.** ④ **08.** 일편단심

☕ 어이 못어던가

01. ① **02.** ④ **03.** ①, ③ **04.** ③
05. 반말이 아닌 경어체를 사용하였기 때문이다. **06.** ② **07.** ⑤ **08.** ③

☕ 동백꽃

01. ③ **02.** ① **03.** ④ **04.** ① **05.** ③
06. ⑤ **07.** ③ **08.** ④ **09.** ① **10.** ③
11. ⑤ **12.** ㉮감자를 '나'에게 준 것과 닭싸움을 붙이는 것 ㉯(라)

☕ 수난이대

01. ③ **02.** ⑤ **03.** ① **04.** ⑤ **05.** ④
06. ③ **07.** ③ **08.** ② **09.** ① **10.** ③
11. ⑤ **12.** ② **13.** ③

☕ 학

01. ④ **02.** ⑤ **04.** ⑤ **04.** ③ **06.** ②
06. ② **08.** ③ **08.** ① **09.** ④ **10.** ③
11. ③ **12.** 성삼이와 덕재의 우정 회복을 상징한다. **13.** ④

☕ 설명문, 논설문

01. ② **02.** ② **03.** ⑤ **04.** ④ **05.** ③
06. ② **07.** 우리,한다 **08.** 건의문, 연설문, 선언문 **09.** ④

☕ 한국의 풍속화

01. ① **02.** ④ **03.** ③ **04.** ① **05.** ①
06. ③ **07.** ③,④,⑤ **08.** ④ **09.** 상업
이 발달하고 실학사상이 널리 퍼졌기 때
문이다. **10.** 주로 서민들의 일상생활을
그린 반면, 신윤복은 주로 남녀 간의 애
정, 풍류를 즐기는 양반들의 여가 생활,
기생들의 감추어진 세계를 그렸다.
11. ③ **12.** ④

☕ 냉장고의 두 얼굴

01. ③ **02.** ① **03.** ⑤ **04.** ③
05. 냉장고 안에 보관하는 고기와 정제,
가공된 음식을 즐기는 여성이 그렇지 않
은 여성보다 결장암에 걸릴 위험이 1.5배
나 높은 것. **06.** ④ **07.** ⑤ **08.** ③
09. 각종 가공식품 **10.** ④ **11.** ③
12. 이들(을), 가공식품들

☕ 음운

01. ① **02.** ③ **03.** ③ **04.** ③ **05.** ②
06. ③ **07.** ⑤ **08.** ④ **09.** ③ **10.** ②
11. ④ **12.** ③

☕ 단어-1

01. ② **02.** ④ **03.** ② **04.** ④ **05.** ④
06. ④ **07.** ⑤ **08.** ③

☕ 단어-2

01. ② **02.** ⑤ **03.** ④ **04.** ④ **05.** ⑤
06. ③ **07.** ③ **08.** ② **09.** ③ **10.** 대
명사, 형용사, 명사, 동사 **11.** ②

☕ 문장-1

01. ④ **02.** ⑤ **03.** ④ **04.** ② **05.** ②
06. ⑤ **07.** ③ **08.** ③ **09.** ②

☕ 문장-2

01. ⑤ **02.** ④ **03.** ② **04.** ⑤ **05.** ③
06. ② **07.** ① **08.** ③

IBS 교육방송 | 중학 국어

초판인쇄일 | 2014년 1월 20일
1쇄발행일 | 2014년 1월 25일

지 은 이 | 이다정
펴 낸 이 | 이용배
책 임 감 수 | IPTV교육방송 편성위원장(김성태)
감   수 | 권선경, 김도한, 김미선, 김주희,
　　　　　　윤동진, 전현준, 정현성, 채송화

펴 낸 곳 | IPTV교육방송(강남스터디)
디 자 인 | 박수정, 김화현
제   작 | 송재호
홍   보 | 권재홍
문   의 | http://iptvstudy.co.kr(IPTV교육방송)
상   담 | 강남스터디 02) 515-0058

총   판 | 가나북스 www.gnbooks.co.kr
전   화 | 031) 408-8811(代)
팩   스 | 031) 501-8811